La PREDICACIÓN y la METÁFORA

Cómo forjar sermones que transforman vidas

LA PREDICACIÓN Y LA METÁFORA

Cómo forjar sermones que transforman vidas

Oscar Jiménez, PhD

BRENTWOOD, TENNESSEE

La predicación y la metáfora: Cómo forjar sermones que transforman vidas

B&H Publishing Group
Brentwood TN, 37027

Diseño de portada, gráficos e interior: Nayibe Gómez Pérez

Clasificación decimal Dewey: 251
Clasifíquese: PREDICACIÓN \ METÁFORA—ASPECTOS RELIGIOSOS \ GRAMÁTICA COGNITIVA

ISBN: 979-8-3845-0234-0
Impreso en EE. UU.
1 2 3 4 5 * 28 27 26 25

Dedicado a Justin Rossow,
mi supervisor de doctorado y gran amigo.
Justin abrió mi ventana al ignorado, pero
importante, mundo de la metáfora.

Tabla de contenido

Prólogo

Uno de los mayores privilegios que el Señor me ha concedido es ser testigo del surgimiento de una nueva generación de predicadores que aman la Palabra de Dios, se esmeran por interpretarla con fidelidad y proclamarla con claridad para la salvación de los perdidos y la edificación de la iglesia. Oscar Jiménez es uno de esos hombres. Al leer este libro, *La predicación y la metáfora*, descubrirás por ti mismo la profundidad de su compromiso con la verdad y su habilidad para guiar a otros en el arte de la predicación.

Esta obra es fascinante y singular, pues aborda un tema que, lamentablemente, ha sido poco explorado en la mayoría de los libros de homilética: el poder transformador de la metáfora en la predicación. Confieso que, al comenzar mi ministerio hace más de cuarenta años, hubiera sido de mucha ayuda tener un libro como este en mis manos. No lo digo como un mero cumplido, sino como un reconocimiento sincero de su valor para quienes anhelamos comunicar las riquezas de la Palabra con claridad y eficacia.

Jiménez, con la destreza de un guía experimentado, compara el trabajo del predicador con el de un minero que excava en busca de joyas preciosas. A través de un recorrido claro y práctico, nos ayuda a explorar el rico paisaje metafórico de la Escritura, mostrándonos cómo extraer sus verdades y elaborar sermones que sean fieles al texto bíblico y, al mismo tiempo, relevantes para el oyente contemporáneo.

Con gran claridad, esta obra demuestra que la metáfora no es un simple adorno literario, sino una herramienta esencial del pensamiento humano y un componente central de la revelación divina. Al entender cómo los lectores originales de la Biblia captaron estas imágenes, los predicadores pueden interpretar el texto con mayor precisión y proclamarlo con mayor impacto. Este libro no solo enriquecerá la exposición pública de la Palabra, sino que también afinará nuestra comprensión de la Escritura, permitiéndonos crecer en nuestra propia vida espiritual.

Recomiendo *La predicación y la metáfora* de todo corazón a estudiantes de seminario, profesores de homilética, pastores, predicadores y, en general, a todo creyente que desee profundizar en la revelación del Dios trino para su edificación personal y para ministrar a otros conforme a los dones que el Señor ha dado (Efesios 4:11-16; 1 Pedro 4:10-11). Mi oración es que esta obra sea usada ampliamente en el mundo de habla hispana para elevar la calidad de la predicación, de modo que Cristo sea glorificado en la salvación de los pecadores y en el fortalecimiento de Su iglesia.

Sugel Michelén

Introducción

La predicación y la metáfora: Cómo forjar sermones que transforman vidas

Manzana de oro con figuras de plata es la palabra dicha como conviene (Proverbios 25:11, RVR1960).

Este proverbio evoca la imagen de una joya finamente elaborada, en la que la sabiduría de las palabras bien dichas se compara con el valor y la belleza del oro y la plata. Pero ¿de dónde vienen estas joyas de sabiduría? No se encuentran tiradas sin más en la superficie, sino que hay que extraerlas de las profundidades, como el oro y la plata se extraen de una mina.

Básicamente, un «minero» intenta obtener un «recurso» deseable, ya sean rocas o minerales, en un «lugar», a través de un «proceso», ya sea cavando o haciendo túneles en el suelo. Como predicadores, somos como mineros que buscan estas joyas de la sabiduría divina. Nuestro «lugar de minería» es la Escritura, el vasto y rico territorio que Dios nos ha dado. Nuestro «proceso» es la exégesis y la interpretación, las herramientas y técnicas que usamos para extraer los preciosos «recursos» del texto. Y ya que el predicador (el «minero», que luego se convierte en orfebre) cumple un rol tan crucial, es por ahí por donde vamos a comenzar.

El minero (el predicador) y la metáfora (el diamante)

Predicar es una tarea desafiante. Quienes lo hacemos cada semana, con el tiempo, podemos llegar a sentir que hemos desgastado el discurso, acabado nuestras ilustraciones y terminado en la monotonía. Sin embargo, hay una buena noticia: la metáfora, una figura literaria bastante ignorada, puede ayudarnos a comunicar la Palabra de Dios de manera más vívida. Ahora imagino lo que estás pensando: «¿Metáforas? ¿Acaso no es algo que solo usan los poetas y escritores? ¿Acaso no las encontramos solo en los Salmos?». Bueno, déjame decirte que la metáfora es mucho más que una figura literaria; moldea fundamentalmente cómo pensamos e interpretamos el mundo. ¿Por qué no lo vemos? Bueno, al igual que los peces son los últimos en descubrir el agua en la que nadan, con frecuencia no somos conscientes de las metáforas que influencian nuestra manera de pensar. Están tan integradas en nuestro discurso y pensamiento que las damos por sentadas, rara vez deteniéndonos a examinarlas. Pero si queremos extraer los tesoros teológicos de la Escritura, debemos considerar la importancia de las metáforas. A continuación, quisiera presentar tres razones que deberían inquietarnos a entender mejor qué son y qué hacen las metáforas:

La primera razón es que las metáforas son fundamentales para el pensamiento humano, tal como lo corroboran algunos estudios en el campo de la lingüística cognitiva. A continuación, me permito presentar uno de ellos. Un equipo de lingüistas convocó a un grupo de personas para un experimento. El día del experimento los dividieron en dos grupos, en dos salones diferentes. A cada grupo se le entregó la descripción de un problema social. La información era idéntica con una pequeña diferencia: una metáfora.

Grupo 1: El lenguaje de «bestia salvaje»	Grupo 2: El lenguaje de «virus»
El crimen es una **bestia salvaje** que **acecha** la ciudad de Addison. La tasa de criminalidad ha aumentado constantemente en los últimos tres años. De hecho, estos días parece que el crimen **acecha** en cada vecindario. En 2004, se reportaron 46 177 crímenes en comparación con más de 55 000 reportados en 2007. El aumento en crímenes violentos es particularmente alarmante. En 2004, hubo 330 asesinatos en la ciudad, en 2007, hubo más de 500.	El crimen es un **virus** que **infecta** la ciudad de Addison. La tasa de criminalidad ha aumentado constantemente en los últimos tres años. De hecho, estos días parece que el crimen **plaga** cada vecindario. En 2004, se reportaron 46 177 crímenes en comparación con más de 55 000 reportados en 2007. El aumento en crímenes violentos es particularmente alarmante. En 2004, hubo 330 asesinatos en la ciudad, en 2007, hubo más de 500.

Lo que vemos en los dos estudios es que la metáfora del «crimen» como una «bestia salvaje» en el primer informe cambió a la metáfora del «crimen» como un «virus» en el segundo informe. ¡Esa es la única diferencia en los informes!

El asunto es que, al cambiar la metáfora, también se cambia la forma en que se enmarca la pregunta. Esto altera lo que se percibe como natural u obvio, así como lo que parece probable o posible. En otras palabras, al modificar la metáfora, se transforma la manera en que se piensa, se siente y se actúa con relación al crimen y a los criminales.

Las personas del grupo de la «bestia salvaje» respondieron de manera consistente con la lógica de una bestia salvaje suelta en la ciudad: soluciones que requerían mejores medios para cazar a los criminales.

Entre los resultados que anticipaban estaba encerrar la amenaza en una jaula para proteger del daño a los inocentes.

El grupo que recibió el estudio sobre el «virus», por otro lado, proponía invertir el dinero en encontrar la causa de la infección del crimen y trabajar en tratamientos que llevaran a una cura, incluyendo reformas sociales y campañas de información. El encarcelamiento se abordó bajo la lógica de la cuarentena, y la rehabilitación del criminal era tan natural como proteger a los inocentes.

Ninguna de estas perspectivas es en sí misma correcta o incorrecta; sin embargo, cada una de ellas es una forma muy diferente de ver el mundo. El estudio señala:

> A pesar de la clara influencia de la metáfora, encontramos que los participantes generalmente identificaron las estadísticas del crimen, que eran las mismas para ambos grupos, y no la metáfora, como el aspecto más influyente del informe. Estos hallazgos sugieren que las metáforas pueden influir en cómo las personas conceptualizan y a su vez abordan la resolución de un importante problema social, incluso si las personas no perciben explícitamente la metáfora como especialmente influyente.[i]

Los participantes pensaron que estaban siendo influenciados «solo por los hechos». Pero cuando se trata de nuestras suposiciones (nuestras respuestas «obvias», resultados «naturales» y objetivos «incuestionables), se encuentra una metáfora.[ii] La metáfora es el medio principal que usa el cerebro para procesar el pensamiento abstracto (o no concreto).[iii] Cuando hablo de lo «no concreto», me refiero a realidades que, aunque son reales, no se pueden ver, tocar, oír, oler ni saborear (por ejemplo, el sufrimiento, la alegría, la angustia).

Para el predicador, esto es importante, ya que gran parte de nuestra comprensión de Dios, de nuestra experiencia de salvación y de la vida en comunidad es real, mas no concreta. Así que entender qué es y qué hace una metáfora es esencial para el predicador que desea entender cómo funciona el sistema de pensamiento humano.

La segunda razón es que las metáforas son cruciales en la revelación divina. La Biblia afirma que las palabras salen del corazón (Luc. 6:45) y en el corazón hay pensamientos (Heb. 4:12). Es decir, las palabras reflejan cómo pensamos (lo que hay en el corazón). Si queremos entender cómo Pedro, Juan y Mateo concibieron un tema en particular, debemos prestar especial atención a las metáforas que usan. A través de la metáfora, estos autores comunican a sus destinatarios su manera de entender diferentes temas teológicos importantes.

Sin embargo, lo más importante es que Dios ha inspirado y preservado la Escritura, incluidas las metáforas que se encuentran en ella, con el fin de que los creyentes entremos al mundo que estas describen y lleguemos a compartir la perspectiva divina que el texto presenta. Al elegir palabras humanas para entregar la Palabra divina el Dios Todopoderoso elige intencionalmente usar metáforas para forjar/moldear, y eso incluye nuestra vida de fe.[iv]

Ahora, es importante recordar que este acceso constituye un privilegio que es posible por la generosidad de Dios al querer revelarse. De ahí que nuestra actitud frente el texto, tal como explica Murray Rae, debe ser de «sometimiento», no de «dominación».[v] Esto es importante porque, en algunos casos, nos daremos cuenta de que hemos dejado que una metáfora domine toda nuestra manera de entender un aspecto de la vida cristiana, opacando otras formas que, en la Escritura, complementan o son incluso más importantes. En otros casos, observaremos que hemos impuesto nuestra propia lógica, silenciando la cosmovisión que el texto bíblico presenta. De ser así, necesitamos regresar nuevamente a Jesús, a la Escritura, para ser reorientados y recuperar el gozo de pertenecer, seguir y servir a Dios. Así que entender qué es y qué hace una metáfora es esencial para el predicador que desea ser fiel a la revelación de Dios.

La tercera razón es que las metáforas transforman la vida y la sociedad. Tal como lo plantea un autor, «ya que razonamos a través de la metáfora, las metáforas que usamos determinan en gran medida cómo vivimos nuestra vida».[vi] Permíteme comenzar con un ejemplo. Hace unos años, el Reino Unido votó para salir de la Unión Europea, lo que se conoció como el *brexit* [*Britain exit* (salida de Gran Bretaña)].

El gobierno tenía que pagar una suma astronómica de dinero que saldría de los impuestos (y contribuciones adicionales) de los ciudadanos. ¿Qué hacer? Bueno, una metáfora le permite al gobierno explicar la situación sin que la gente proteste: «El *Brexit* es un divorcio». [vii] Esta metáfora define la antigua unión como un matrimonio que cuesta dinero disolver (financiera y legalmente), y lleva a que el pueblo británico asuma sus implicaciones.

Consideremos ahora un ejemplo que nos afecta diariamente. Entendemos que el lenguaje de «gastar», «ahorrar», «invertir» viene del mundo de las finanzas. En español (y en inglés), solemos conceptualizar el tiempo (algo real, pero abstracto) como si fuese dinero (algo concreto que podemos contar). Hablamos de «gastar» o «ahorrar» tiempo, de «invertir» o «perder» tiempo. Estas frases, aunque pueden parecer triviales, reflejan y refuerzan una visión particular de cómo se ve el mundo: el tiempo es un recurso limitado y valioso que hay que administrar con cuidado.[viii]

Lo importante aquí es que la metáfora «El tiempo es dinero» gobierna las prioridades y las decisiones que pasan desapercibidas. El impacto de esta metáfora se ve cuando las personas evalúan casi todas sus actividades en términos de «ganancia». Las relaciones personales, el servicio comunitario e incluso el tiempo de descanso son frecuentemente sacrificados en aras de actividades que «maximizan» el valor monetario del tiempo. De hecho, estamos tan condicionados por la metáfora «El tiempo es dinero» que terminamos dedicando la mayor parte de nuestro tiempo a ganar dinero, mientras que vemos las relaciones significativas y el desarrollo personal como una «pérdida de tiempo». Esta mentalidad tiene un impacto particular en la vida cristiana, donde el discipulado y la vida en comunidad son con frecuencia vistos como «improductivos» en comparación con actividades que producen beneficios materiales tangibles. La metáfora «El tiempo es dinero» ha reconfigurado las prioridades, de tal manera que el valor del tiempo se mide casi exclusivamente en términos económicos.

Imaginemos a un pastor que está predicando sobre el matrimonio. En sus consejerías, a menudo escucha frases como «No sé qué dirección tomar». «Estamos en un callejón sin salida». «Nos sentimos estancados». Aunque a primera vista, estas expresiones parecen referirse a cosas diferentes, todas son inferencias de la metáfora «Una relación es un viaje». Estas frases no se refieren literalmente a direcciones, callejones o atascos; más bien, usan el lenguaje de los viajes para describir el estado de la relación matrimonial. Cuando esta metáfora gobierna la forma cultural o «el imaginario social» desde el cual se entiende el matrimonio,[ix] las relaciones se entienden como viajes, con destinos y puntos de estancamiento.

El asunto en cuestión es que las personas razonan a través de metáforas. Así que no hay que sorprenderse de que la conclusión sea, si estamos estancados, entrar en una nueva relación; o si estamos en un callejón sin salida, firmar el divorcio. Entender la importancia de las metáforas le va a permitir al predicador contrastar la metáfora que gobierna el imaginario social con la metáfora bíblica. En el caso del

Importancia de la metáfora

Son fundamentales para el pensamiento humano	Son centrales en la revelación divina	Transforman la sociedad y la vida

Por lo tanto, el predicador debe...

Entender cómo funcionan nuestros pensamientos

Ser fiel a la revelación de Dios

Ser relevante a su contexto

matrimonio, la comprensión del matrimonio es de pacto, no de viaje, si bien el viaje, con la incertidumbre, la aventura y la idea de moverse hacia una misma dirección con metas en común, es una metáfora secundaria que se apoya en la primera: la relación de pacto.

Este tipo de reflexión se vuelve aún más relevante para el predicador con el surgimiento de la nueva cultura pos-COVID y el declive de la influencia cristiana en la sociedad en general. El predicador necesita analizar la cosmovisión que moldea la manera en la que entendemos ciertos temas, para así guiar a los discípulos del Señor en el proceso de renovar su mente. Esto implica comprender que si bien hemos sido afectados por el pecado, también hemos sido amados y perdonados, y formamos parte de la nueva creación de Dios.

Como predicador, Jesús aprovechó el poder trasformador de las metáforas y las parábolas para invitar a Su audiencia a repensar su vida, su historia, su comprensión de Dios y su propia identidad. Sin embargo, en ocasiones, la predicación actual no logra generar un cambio de cosmovisión a través de la Escritura, precisamente por no prestar suficiente atención al impacto profundo de las metáforas. Este cambio es esencial tanto para el predicador como para su audiencia, ya que permite ofrecer resistencia a los sistemas que se oponen a los valores del reino de Dios (Rom. 12). Por ello, comprender qué es una metáfora y cómo funciona resulta crucial para el predicador que desea ser relevante en su contexto.

Cada una de estas tres razones sugiere tres preguntas para el expositor bíblico, una vez que ha encontrado el tema central del texto a predicar:

(1) ¿Cuál es la metáfora dominante en la cultura (o subcultura) de su audiencia, es decir, el lente a través del cual los no creyentes piensan, sienten y desde el cual evalúan y actúan con respecto al tema del sermón?

(2) ¿Cuál es la metáfora dominante en el mundo evangélico, es decir, el lente ya establecido a través del cual la iglesia piensa y siente, y desde el cual evalúa y actúa con respecto al tema del sermón?

(3) ¿Cuál es la metáfora dominante en el texto bíblico, es decir, el lente que el texto nos invita a usar para pensar, sentir, evaluar y accionar, con respecto al tema del sermón?

¿Qué pasaría si aprendiéramos a aprovechar el impacto de la metáfora en nuestra predicación? Predicar metáforas es invitar a nuestros oyentes a habitar el mundo imaginativo de la Escritura, a experimentar la Palabra no solo como información para ser procesada, sino como una realidad para ser vivida. Es guiar a nuestros hermanos a través de las cavernas deslumbrantes del texto, mostrándoles las perlas que hemos descubierto en nuestro trabajo de minería exegética.

Eso es precisamente lo que busca este libro. A través de sus páginas, aprenderemos a: (1) identificar las metáforas presentes en un texto bíblico; (2) comprender los movimientos metafóricos necesarios para interpretar una metáfora; y (3) aplicar estos movimientos metafóricos para estructurar nuestros sermones (en los casos en que sea aplicable). De forma indirecta, también aprenderemos a: (4) establecer un diálogo entre las metáforas del texto y las metáforas predominantes en el contexto de la audiencia de nuestro sermón; y lo más importante, (5) redescubrir el gozo y recuperar el asombro que viene de interactuar con la Palabra viva de Dios. Porque, al final, la predicación consiste en eso: encontrarnos con Dios en Su revelación de Sí mismo (la cual tiene como clímax la cruz de Cristo), y guiar a otros a ese mismo encuentro.

¿Te unes a este propósito? No te prometo que será fácil: habrá trabajo duro y estudio cuidadoso. Pero también habrá descubrimiento, deleite y transformación, tanto para ti como para aquellos a quienes sirves. ¿Estás listo?

Cimientos y vetas: predicación expositiva y metáforas bíblicas

Un «cimiento» es la base sólida y estable sobre la cual se construye toda la operación minera. Constituye el fundamento que soporta todos los esfuerzos de extracción y garantiza la integridad estructural de la mina. En sentido metafórico, los «cimientos» simbolizan los principios fundamentales y las prácticas ya establecidas de la interpretación bíblica y la predicación expositiva.

Por otro lado, una «veta» es una franja o capa de roca que contiene minerales valiosos, como oro, plata o gemas preciosas. Para los mineros, identificar una veta rica es esencial, ya que determina dónde concentrar sus esfuerzos de excavación para obtener el mayor rendimiento. En nuestra metáfora, las «vetas» representan el contenido metafórico que facilita la comprensión del pasaje bíblico y enriquece tanto la reflexión teológica como la aplicación homilética.

En este punto es crucial enfatizar que este libro no pretende reemplazar los acercamientos exegéticos y hermenéuticos tradicionales a la predicación, sino más bien complementarlos y enriquecerlos. Si la predicación expositiva es el marco general de la minería bíblica, estableciendo los principios de la exégesis sólida y la comunicación fiel, entonces nuestro enfoque en las metáforas es como una técnica especializada para trabajar una veta particular.

Así como un minero hábil emplea diferentes herramientas y métodos según el tipo de roca y mineral con el que está trabajando, nosotros desarrollamos estrategias específicas para discernir y extraer las riquezas de las metáforas dentro del proceso más amplio de la predicación expositiva. Este libro está dirigido a estudiantes de seminario, pastores y líderes que ya han recibido cierta formación en el área de la predicación. Es un complemento al entrenamiento en la exégesis, la hermenéutica y la homilética.

Al leer este libro, ten en cuenta que se asume que, como lector, conoces los cimientos ya establecidos: la observación cuidadosa del texto, la interpretación dentro del contexto, la identificación e interpretación del texto según su género literario, y la aplicación de las verdades teológicas del texto a la vida de los oyentes. Las herramientas de la teoría de la metáfora no reemplazan estos fundamentos, sino que nos permiten construir sobre ellos cuando nos encontramos con el lenguaje figurativo en la Escritura.

En su clásico *La predicación bíblica*, Haddon Robinson define la predicación expositiva así:

> La comunicación de un concepto bíblico, derivado de, y transmitido por medio de, un estudio histórico, gramatical y literario de cierto pasaje en su contexto, que el Espíritu Santo aplica, primero, a la personalidad y la experiencia del predicador, y luego, a sus oyentes.[x]

Así que el expositor «primero, como exégeta, lucha con los significados del escritor bíblico. Luego, como hombre de Dios, batalla con la forma en que él quiere cambiarlo personalmente. Por último, como predicador, reflexiona en lo que Dios quiere decirle a Su congregación».[xi] Richard Ramesh resume la predicación expositiva así:

> La contemporización de la proposición central de un texto bíblico, que es derivado a través de los métodos apropiados de interpretación y declarado a través de medios eficaces de comunicación para informar las mentes, instruir los corazones e influenciar el comportamiento hacia la piedad o devoción.[xii]

Con el propósito de informar las mentes, instruir los corazones e influenciar el comportamiento, nace el libro *La predicación y la metáfora: Cómo forjar sermones que transforman vidas.* Este libro ofrece estrategias que pueden integrarse en una variedad de estructuras de sermones, desde las textuales hasta las temáticas. Como hemos mencionado, predicar metáforas no implica imponer un marco externo a la Escritura, sino identificar las metáforas que ya están operando en ella. Es ser sensible a cómo Dios ha elegido revelarse, no solo mediante proposiciones abstractas, sino también a través de imágenes vívidas. Además, se trata de invitar a nuestros oyentes a experimentar esa revelación, no simplemente como información para procesar, sino como un mundo que habitar y una historia que vivir.

Sigamos aprendiendo de los buenos maestros homiléticos y continuemos predicando sermones arraigados en el texto bíblico. Sin embargo, al hacerlo, no debemos descuidar la dimensión metafórica entretejida en gran parte de la Escritura. Veamos la estructura de este libro:

La Parte I del libro *La predicación y la metáfora: Cómo forjar sermones que transforman vidas* se puede comparar con la fase de exploración de una expedición minera. Así como los mineros necesitan comprender la geología del terreno antes de extraer los minerales preciosos, nosotros debemos entender qué es una metáfora y cómo funciona en el discurso, antes de poder predicar con eficacia las metáforas bíblicas. En esta fase, exploraremos los conceptos clave de la teoría de la metáfora, analizaremos los diferentes tipos de metáforas y examinaremos la parábola. Esta fase de exploración equivale a crear un mapa del paisaje metafórico.

La Parte II del libro se puede comparar con la fase de extracción y refinamiento en nuestra expedición minera. Es aquí donde adquirimos el conocimiento sobre las metáforas bíblicas y lo aplicamos a la práctica de la predicación. En esta fase, consideramos cómo los tesoros extraídos en el proceso de interpretación del texto pueden ser moldeados y transformados en sermones. Por ello, examinamos diversas estructuras de sermones que permiten presentar estos tesoros de manera atractiva y fácil de recordar. Esta fase de extracción y refinamiento requiere habilidad y creatividad, similar al trabajo de un orfebre. Nuestro objetivo no es simplemente presentar información cruda sobre las metáforas, sino forjar sermones que sean verdaderas obras de arte diseñadas para captar la imaginación y transformar la vida.

La conclusión del libro nos invita a reflexionar sobre el propósito final de esta expedición minera homilética: a través de la predicación de metáforas, buscamos revelar los tesoros de la Escritura de tal manera que enriquezcan la vida de la Iglesia y contribuyan al avance del reino de Dios. La meta es que, tras leer este libro, puedas elaborar sermones comparables con joyas preciosas, cada uno único en su corte y brillo. Algunos serán diamantes deslumbrantes; otros, rubíes resplandecientes; y otros, esmeraldas relucientes, pero todos reflejarán la gloria de Cristo, la Palabra viva. Nuestro deseo es que, a través de estos sermones, el pueblo de Dios sea adornado con la belleza y el poder de la verdad bíblica, y equipado para vivir con fidelidad a Dios. A continuación, encontraremos nuestra ruta de exploración:

Parte I: Interpretación (fase de exploración).

- Herramienta 1: La escena, mapeo del paisaje metafórico.
- Herramienta 2: La metáfora, identificar el recurso valioso.
- Herramienta 3: El discurso, analizar las condiciones geológicas.
- Herramienta 4: Las parábolas, profundizar en las metáforas extendidas.

Estas herramientas representan las diferentes habilidades y técnicas que un intérprete (minero) necesita para identificar y extraer con eficacia las metáforas (recursos) de los textos bíblicos (lugar de minería).

Parte II: Predicación (fase de elaboración).

- Técnica 1: Estructuras de sermones, diseñando el ornamento.
- Técnica 2: Estrategias homiléticas, forjando la joya.

Estas técnicas representan las habilidades que un predicador (orfebre) emplea para convertir las metáforas (oro o gemas en bruto) en sermones eficaces y transformadores (joyas finamente elaboradas).

Conclusión: El propósito: adornar al pueblo de Dios.

Únete a esta búsqueda de los tesoros en la Escritura. Permite que la teoría de la metáfora sea tu mapa y tu herramienta, orientando y fortaleciendo tu predicación. Que los sermones que surjan sean joyas que adornan la corona de Cristo, atrayendo a todos a las inagotables riquezas de Su gracia.

PARTE I:

Interpretación (fase de exploración)

La Parte I de nuestro libro es la fase de exploración en esta expedición minera. Antes de iniciar la extracción, necesitamos tener las herramientas adecuadas y un conocimiento profundo del terreno. En este caso, nuestras «herramientas» son los conceptos y pasos que la teoría de la metáfora nos proporciona para identificarla e interpretarla. Cada sección introduce una herramienta distinta: desde reconocer las escenas de *Origen* y de *Destino* de una metáfora, hasta analizar cómo estas interactúan con el contexto más amplio del discurso. A medida que dominamos estas herramientas, comenzamos a mapear el paisaje metafórico de la Escritura. Descubrimos patrones y conexiones, identificamos temas recurrentes, y discernimos cuáles vetas son más ricas en significado teológico y cuáles tienen más potencial para la aplicación homilética.

Este trabajo de exploración, aunque técnico y detallado en ocasiones, requiere cuidado, precisión y una mirada atenta a los detalles del texto. Sin embargo, es una labor imprescindible. Te invitamos entonces a ponerte tu casco, a tomar tus herramientas y a unirte a nosotros en esta fase de exploración. A medida que aprendemos a leer la Escritura con ojos nuevos, anticipamos con entusiasmo los tesoros que descubriremos.

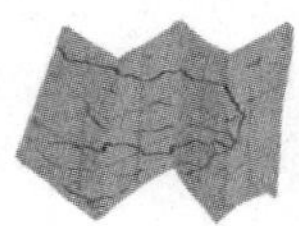

Herramienta 1: La escena, mapeo del paisaje metafórico

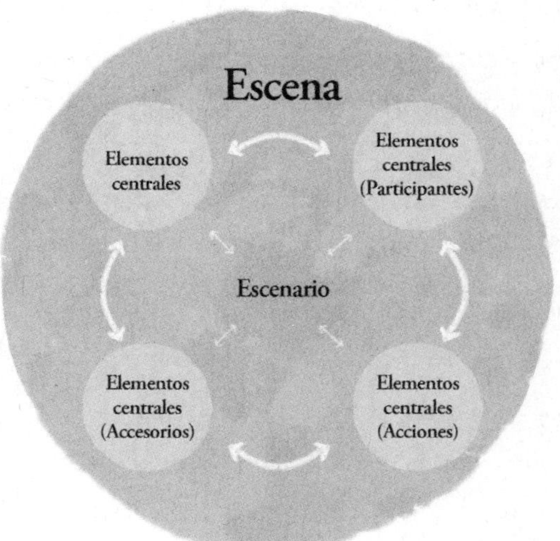

Cuando se evoca la palabra «venta», todo un escenario viene a nuestra mente: bienes o productos, dinero, vendedores, compradores, precios, etc. La palabra «venta» por sí sola carece de significado. Por eso, nuestra mente, de manera natural, evoca un escenario con roles y relaciones. Sin embargo, como predicadores, no estamos vendiendo el evangelio (¡a menos que seas un predicador de la prosperidad!), sino proclamándolo y defendiéndolo. Por tanto, cambiemos el escenario.

Cuando alguien dice: «¡Él es un hereje!», el oyente, sin conocer todos los detalles específicos de la discrepancia, es guiado por el siguiente escenario: un disidente (él), una comunidad religiosa o grupo, y un corpus doctrinal o creencia general que permite evaluar los puntos de vista de este supuesto hereje.

Por eso, todo comienza con entender qué es una «escena».[1] En palabras del lingüista Charles Fillmore, una escena es un «sistema de conceptos relacionados de tal manera que para entender cualquiera de ellos tienes que entender toda la estructura a la que pertenecen».[2] Una escena nos conduce a lo que llamamos el «significado convencional», es decir, la comprensión ya establecida que una comunidad tiene sobre un tema o concepto.[3] «El trabajo de interpretar un texto es el trabajo de averiguar y reconstruir la actividad en la que tenían que estar involucradas las personas que usaban estas herramientas».[4] En otras palabras, una escena es la captura de la experiencia de la vida que evoca una palabra, así como lo vimos con la palabra «venta» al inicio de esta herramienta.

Ahora, la pregunta que nos queda por resolver es cómo reconstruir una escena. Los cuatro pasos siguientes ofrecen una posible ruta a seguir:[5]

Primero, identificar los elementos centrales de la escena: los participantes, accesorios y acciones, cuya omisión dejaría incompleta la escena. A veces, es útil tener en cuenta que «[las escenas]... capturan la

¿Cómo reconstruir una escena?

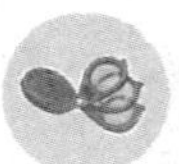

Identifica elementos centrales
Participantes, accesorios, acciones

Una categoría
Nombre apropiado en el idioma original griego y hebreo

Describe los elementos del escenario
Participantes, accesorios, acciones y roles del escenario

Establece la lógica de la situación
Expectativas, resultados y acciones esperadas en el escenario

estructura conceptual necesaria para entender un verbo, ya sea que esta estructura aparezca en la oración o no».[6] Los verbos proporcionan pistas para identificar los elementos de una escena: «¿Quién está haciendo qué, para quién y cómo?». Estas preguntas básicas nos permiten construir el escenario, reconstruir la situación y entender las circunstancias.[7]

Pregunta	**Explicación**
¿Quién?	¿Quién es la persona (o grupo, o incluso objeto) que realiza las acciones que conducen a una acción o resolución?
¿Está haciendo qué?	¿Cuáles son las acciones que conducen a una resolución? ¿Cuál es el resultado esperado? ¿Qué contaría como el desenlace, el final de la historia, misión cumplida? ¿Qué está tratando de hacer el personaje principal?
¿Para quién?	¿Para ventaja de quién está actuando el actor primario? ¿Quién recibe el beneficio del resultado esperado? Los actores primarios a menudo actúan para sí mismos, pero podrían estar actuando en nombre del Rey, de una comunidad en riesgo, del mundo entero, etc.
¿Cómo? - Obstáculos/ Enemigos	Podemos distinguir entre dos lados de la misma moneda del «Cómo». Primero, ¿qué obstáculos o enemigos se interponen en el camino del actor primario para lograr el objetivo principal? ¿Qué dificultad o desafío debe superarse? ¿Quiénes son los «malos» implícitos? La respuesta puede ser algo abstracto, como el Mal, o incluso la falta de un elemento necesario: falta de comida, falta de dirección, falta de habilidad, etc. ¿Qué se interpone en el camino para que «Quién» haga el «Qué»?

¿Cómo? - Medios/ Ayudantes	En el otro lado de la moneda del «Cómo» están las cosas o personas que ayudan al actor primario a cumplir la misión principal. Los ayudantes podrían ser tan concretos como un compañero o tan abstractos como un conjunto de habilidades. Los objetos útiles también son comunes. ¿Qué necesita el «Quién» para hacer el «Qué» a la luz de los «Enemigos» u «Obstáculos» que se interponen en el camino?

Para ilustrar los pasos en el análisis de una escena, consideremos en Mateo 28:19 el análisis del verbo «hacer»: «Por tanto, id, y haced discípulos a todas las naciones...».

Pregunta	**Explicación**
¿Quién?	Cualquier persona que crea algo que antes no existía; convierte una cosa en otra; realiza una acción que produce un cambio.
¿Para quién?	Uso personal o para otros.
¿Cómo? - Obstáculos/ Enemigos	Falta de experiencia, materiales inadecuados, condiciones adversas.
¿Cómo? - Medios/ Ayudantes	Manuales de instrucción, tutoriales de Youtube, ayuda de otros.

Ahora pensemos en cómo el verbo «hacer» evoca diferentes escenarios según el contexto:

Cuando alguien dice: «voy a hacer una torta de cumpleaños», esta palabra activa toda una escena que incluye:

- el repostero;
- una cocina;

- ingredientes específicos;
- un proceso personalizado/atención a detalles particulares;
- un destinatario en mente;
- un propósito de celebración.

En contraste, cuando «hacer» se usa en un contexto industrial («Hacemos 10 000 unidades al día»), la palabra evoca una escena completamente diferente:

- un conjunto de empleados entrenados;
- una fábrica;
- líneas de ensamblaje;
- procesos estandarizados;
- control de calidad;
- tiempo: eficiencia y velocidad;
- producción en serie.

Segundo, nombrar la categoría. Es importante asignar al escenario un nombre apropiado y sucinto que exista en el idioma original (en hebreo o griego). También resulta útil verificar que la escena que queremos analizar realmente esté presente en el texto bíblico.

En Mateo 28:19, por ejemplo, aunque en español leemos «haced discípulos», en el texto griego encontramos un solo verbo: μαθητεύσατε (mathēteusate), «discipular». La traducción «haced discípulos» busca expresar en español, de manera gramaticalmente natural, aquello que en griego se comunica con un único verbo. No obstante, cambiar el verbo principal de «hacer» a «discipular» tiene implicaciones significativas.

Para quienes no tienen acceso a los idiomas originales, existen diversas herramientas útiles:

1. Comparar diferentes versiones de la Biblia. Las variaciones entre las traducciones pueden indicar que hay matices en el texto original que vale la pena investigar.

2. Usar la concordancia Strong, disponible en línea y en formato impreso, para identificar la palabra original que hay tras cada traducción. También se puede usar *software* bíblico gratuito como e-Sword o Bible Hub, que incluyen estas herramientas.
3. Consultar biblias interlineales que presentan el texto original con una traducción literal debajo de cada palabra. Muchas están disponibles gratuitamente en internet.
4. Revisar comentarios bíblicos que analicen aspectos del texto original. Incluso sin saber griego ni hebreo, podemos beneficiarnos de las investigaciones realizadas por otros expertos.

La meta es asegurarnos de que la escena que analizamos tiene base en el texto original.

Tercero, comprender las relaciones. Es esencial identificar con precisión las interacciones necesarias entre los participantes en el escenario bajo estudio.

En la escena artesanal, el repostero:

- Selecciona cuidadosamente los ingredientes según la receta y las preferencias del destinatario.
- Adapta el proceso de acuerdo con su experiencia y las necesidades específicas.
- Dedica el tiempo necesario a cada etapa del proceso.
- Presta especial atención a los detalles decorativos, teniendo en cuenta la ocasión.

El resultado final refleja tanto la habilidad del repostero como las intenciones del destinatario.

Por otro lado, en la escena industrial:

- Los empleados siguen procedimientos preestablecidos.
- La interacción con los materiales está estandarizada para garantizar uniformidad.
- El tiempo de producción está estrictamente controlado para maximizar la eficiencia.

- El control de calidad verifica que cada producto cumpla con especificaciones exactas.
- Los supervisores monitorean el proceso para mantener altos niveles de productividad.
- La relación entre los trabajadores y el producto es impersonal y técnica.

Cuarto, establecer la lógica de la situación de la escena. La lógica situacional determina cómo las personas piensan, sienten, evalúan y actúan dentro de esa escena particular.

Por ejemplo, en la escena de «hacer» en un contexto artesanal/personalizado:

- Pensar: se prioriza en la singularidad y calidad del resultado.
- Sentir: hay una conexión emocional con el proceso y el destinatario.
- Evaluar: el éxito se mide por la satisfacción del destinatario y la calidad del producto.
- Actuar: se dedica el tiempo necesario, se presta atención a los detalles y se realizan ajustes según sea necesario.

En contraste, en la escena de «hacer» en un contexto industrial:

- Pensar: se enfoca en la eficiencia y la uniformidad.
- Sentir: hay una desconexión emocional con el proceso y el producto.
- Evaluar: el éxito se mide por la cantidad producida y la consistencia.
- Actuar: se sigue el proceso establecido, se mantiene el ritmo, se minimiza la variación.

Esta lógica situacional nos sitúa dentro de la escena y, desde este nuevo posicionamiento, nos lleva a pensar, sentir, evaluar y actuar conforme al rol que desempeñamos dentro de la escena. Por eso, es necesario que regresemos nuevamente al texto.

En un comentario anterior observamos que el verbo principal en Mateo 28:19 es «discipular». Llegar a ser discípulo de Jesús siempre comienza con la invitación a seguirlo. De hecho, ser discípulo es ir en pos del maestro y compartir la vida con aquellos a quienes también ha llamado. En este sentido, el discipulado se comprende mejor como un «viaje». Lo podríamos diagramar de la siguiente manera:

Punto de partida: conversión

Viajero: creyente

Compañeros: comunidad

Camino: Cristo/ Cristo: Su enseñanza y ejemplo (vida y cruz).

Destino: nuevo cielo y nueva tierra

Cuando Jesús llama a algunos discípulos, todo comienza con una invitación: «Sígueme». Este tipo de relación de rabino y discípulo no se basa en un conjunto establecido de procedimientos diseñados para dar un producto estandarizado. Discipular es caminar intencionalmente junto a otros, con el fin de crecer y juntos imitar a Cristo. Discipular es juntos leer sus oraciones, analizar sus conversaciones, prestar atención a todas sus enseñanzas, hablar sobre cómo interpretó y aplicó la Escritura a los temas controversiales de Su tiempo, entre muchas otras cosas.

Relevancia

El estudio de la escena es crucial en los estudios bíblicos por cuatro razones:

Primero, ayuda a los intérpretes a ser conscientes de sus propias escenas. Por ejemplo, decir que la mujer se debe vestir modestamente en nuestro contexto significa que no debe mostrar mucha piel. Sin embargo, en el contexto en el que Pablo usa el término en 1 Timoteo 2, se refiere a evitar peinados llamativos y adornos costosos (como «oro», «peinados», «perlas». que desvíen el centro de atención de Dios a ellas mismas).

Para el mundo anglosajón, la comprensión moderna de la modestia está enmarcada en gran medida por las nociones victorianas de recato sexual. Por su parte, en la cultura hispana, esta concepción ha sido modelada por el catolicismo traído desde España. En contraste, el énfasis de Pablo está en evitar la ostentación de la riqueza, ya que esto distrae del enfoque en Dios.[8]

Ser conscientes de nuestras propias escenas nos ayuda a evitar proyectarlas de manea anacrónica al texto.

La sugerencia es intentar recrear la escena que evoca el término en nuestro texto de estudio, tanto en el mundo bíblico como en el contemporáneo.

Si nos apresuramos a interpretar el concepto de «modestia» desde nuestras concepciones culturales actuales, corremos el riesgo de perder completamente la escena que Pablo está evocando. Cuando Pablo habla de «modestia», está haciendo un llamado a la humildad y la unidad, no está imponiendo un código de vestimenta (aunque este es un tema importante... que se debe argumentar desde otro ángulo y posiblemente otros textos).

De no considerar el contexto, podríamos terminar con reglas sobre la longitud de la falda, que pierden completamente el punto del argumento de Pablo. Si evocamos la escena correcta, podemos extraer la verdad teológica clave: no debemos desviar la atención de la adoración a Dios exhibiendo nuestro estatus o riqueza en la reunión de adoración. El enfoque debe estar en Dios, no en nosotros mismos.

Segundo, el significado de un término no surge de forma aislada, sino de la escena a la que pertenece. Las palabras son puntos de acceso a la escena, y el significado de una palabra se encuentra en el contexto de esa escena.

Normalmente, para conocer el significado de un verbo o una palabra, recurrimos al diccionario. En el caso de los verbos relacionados con dar regalos —por ejemplo, λαμβάνω (tomar, recibir),[9] εὐλογέω (bendecir, alabar, agradecer),[10] δίδωμι (dar)—,[11] el diccionario ofrece un equivalente formal para cada palabra, pero pierde de vista la lógica situacional en su contexto original.

Tercero, diferencia la escena en su contexto social del término cuando se usa como una categoría teológica (básicamente estamos hablando de dos escenas diferentes). De esta manera, los intérpretes pueden usar un lenguaje de manera más precisa. Por ejemplo, los sustantivos σωτηρία (salvación) y εὐαγγέλιον (evangelio) han llegado a significar lo mismo en la Iglesia hoy. Hoy, «evangelizar» se entiende comúnmente como presentar el plan de salvación. Sin embargo, en el primer siglo, aunque están conectados, estos términos pertenecían a dos escenas distintas. Si estudiamos las escenas que cada término evoca, podemos distinguir entre σωτηρία (rescatar cautivos) en su contexto social y cómo la escena arroja luz sobre el beneficio o impacto de la obra de Cristo para el creyente. En contraste, cuando se usa como una categoría teológica más amplia, engloba todo lo que Cristo logró para que estemos en correcta relación con Dios.

Lo que con frecuencia sucede es que tomamos todo el desarrollo teológico y sistemático que el término ha tenido a lo largo de la historia y lo trasladamos al pasaje bíblico que estamos estudiando. Como resultado, domesticamos el texto y nos perdemos los matices particulares que el autor está desarrollando en su discurso para impactar a su audiencia.

En Efesios 1:14, por ejemplo, Pablo se refiere al *evangelio de nuestra salvación*. A la luz de Efesios 2:1-4, donde Pablo describe nuestra antigua condición como *muertos en delitos y pecados* y *por naturaleza hijos de ira*, es claro que la «salvación» mencionada no es simplemente un concepto teológico abstracto, sino una experiencia de ser rescatado de la esclavitud del pecado y la muerte. En este contexto, el «evangelio» no se limita a ser un conjunto de doctrinas para creerlas, sino la proclamación de que el Rey nos ha liberado de la opresión, la esclavitud y la muerte.

Cuarto, un concepto puede estar presente en el texto sin que aparezca el término explícito que lo denota. Jesús, en Sus parábolas, evoca la escena «gracia», sin usar directamente el término.[12] Por ejemplo, la escena de un padre corriendo para recibir a un hijo que estaba lejos de casa comunica la gracia sin nombrarla. De manera similar, cuando Éxodo 17:11 describe a Moisés levantando sus manos, evoca la escena de oración sin mencionar la palabra «orar». En ambos casos, son las interacciones de los personajes, sus acciones y relaciones dentro de la escena las que transmiten el significado. Como hemos señalado hasta aquí, los significados en el texto bíblico no residen solo en las palabras explícitas, sino en las escenas que evocan, los roles que los personajes desempeñan y la lógica situacional que gobierna sus interacciones.

Estudio de caso: Juan 21 y las escenas del «amor».

Cuando tenía 14 años, experimenté un momento de profunda angustia espiritual mientras escuchaba un sermón en la iglesia. El predicador había desarrollado un mensaje basado en la distinción entre diferentes palabras griegas para hablar del «amor», específicamente el uso de *phileo* (φιλέω) y *agape* (ἀγάπη) en Juan 21. En este pasaje encontramos una conversación entre Jesús y Pedro, la cual dejo a continuación (manteniendo las palabras griegas entre corchetes para mayor claridad):

> Jesús: «¿Me amas [*agapas*] más que estos?» (21:15a)
> Pedro: «Tú sabes que te amo [*philō*]» (21:15b).
>
> Jesús: «¿Me amas [*agapas*]?» (21:16a)
> Pedro: «Tú sabes que te amo [*philō*]» (21:16b).
>
> Jesús: «¿Me amas [*phileis*]?» (21:17a)
> Pedro: «Tú sabes que te amo [*philō*]» (21:17b).

Según la lógica del predicador, Jesús le presenta a Pedro el ideal, el amor *agape* que espera de él. Pero al ver que Pedro le responde con *phileo*, baja Su estándar y pregunta si al menos lo puede amar a nivel *phileo*, a lo cual Pedro responde afirmativamente. Escuchar al predicador me produjo un profundo sentido de culpa y lloré profundamente al ver que no soy capaz de amar a Dios de la manera que Él espera.

Esta interpretación, aunque impactante, presenta ciertos problemas teológicos, lingüísticos y literarios. En términos teológicos, surge una pregunta: ¿Espera Dios que el ser humano ame en el mismo nivel y con la misma intensidad que Él? La respuesta es clara: «De ninguna manera». Tal como concluye C.S. Lewis, Dios parece estar satisfecho con que Sus criaturas, aunque tengan un genuino deseo de amarlo, lo hagan en el presente de manera «incompleta, preparatoria, [a veces] vacía y algo desordenada, [aunque siempre] clamando por Aquel que puede desatar las cosas que ahora están atadas y atar las cosas que todavía están sueltas».[13] Por lo tanto, la meta es que los seres humanos, por la gracia de Dios, puedan crecer/madurar en su amor hacia Él, entendiendo que nunca podrán igualar el perfecto amor de Dios.

En el contexto literario de Juan 21, el significado no reside en la alternancia entre *agape* y *phileo*, sino en toda la escena de restauración que se desarrolla. Debemos considerar que: (1) la escena ocurre después de la resurrección, cuando Pedro necesita ser restaurado tras su negación; (2) la conversación sucede durante una comida, un contexto de intimidad y comunión; (3) la triple pregunta evoca de manera intencional la triple negación; (4) cada afirmación de amor va acompañada de un mandato pastoral; (5) la escena culmina con una predicción del martirio de Pedro. Esta reconstrucción nos muestra que el pasaje trata sobre la restauración de Pedro a su llamado apostólico, no sobre una jerarquía de tipos de amor.

En términos lingüísticos, para entender mejor cómo abordar el tema del amor en las Escrituras, debemos recordar lo aprendido sobre esta primera herramienta. Cuando escuchamos la palabra «amor», esta activa en nuestra mente toda una escena con actores, roles, relaciones y expectativas. La palabra actúa como una llave que abre una puerta y nos lleva a un escenario.

En el mundo grecorromano, términos como *agape* (ἀγάπη) y *phileo* (φιλέω) nos transportan a la misma escena, no representan dos tipos diferentes de amor. Imagina dos llaves diferentes que pueden abrir la misma puerta. La razón por la que llegamos a esta conclusión es el uso que Juan hace de estos términos en su evangelio, donde se emplean de manera intercambiable: *agape* (ἀγάπη) se usa para hablar del amor perfecto de Dios por el mundo (Juan 3:16), el amor distorsionado de los seres humanos por las tinieblas (Juan 3:19) y el amor por la gloria humana más que la divina (Juan 12:43). Y curiosamente, *phileo* (φιλέω) se usa para describir el amor del Padre por el Hijo (Juan 5:20), el amor del Padre por los discípulos (Juan 16:27), el amor de Jesús por Lázaro (Juan 11:3, 36).

En el caso del sermón, lo que el predicador hizo fue reconocer que hay cuatro diferentes tipos de relaciones en las que el amor está presente, y este reconocimiento no es incorrecto. El problema es conectar, de manera rígida, una palabra griega con cada una de estas cuatro categorías: (1) afecto (*storgē*, στοργή): el amor natural entre familiares; (2) amistad (*philia*, φιλία): el amor entre amigos y compañeros; (3) romance (*eros*, ἔρως): el amor romántico y pasional; (4) caridad/amor divino (*agapē*, ἀγάπη): el amor desinteresado y sacrificial.

Recordemos que es el contexto literario, y no la palabra en sí, lo que nos ayuda a identificar qué tipo de amor se está expresando. Para discernirlo, debemos examinar varios aspectos: los participantes en la relación (¿familia, amigos, pareja, Dios-humano?); la naturaleza de la relación (¿natural, elegida, de pacto?); las acciones y actitudes asociadas; el propósito y resultado del amor.

Cuando estudiamos un concepto, como es el caso del amor, necesitamos reconstruir a conciencia la escena completa y analizar el contexto literario, ya que así sabremos de qué tipo de relación/categoría estamos hablando.

En resumen, analizar las escenas implica aprender a reconocer y describir los ricos mundos evocados por las palabras. Esto requiere hacer un seguimiento de los participantes, identificar roles, resaltar conexiones y construir la lógica interna que mantiene unida la escena. A menudo implica excavar en el conocimiento implícito que los autores bíblicos y las audiencias dieron por sentado, pero que nosotros podríamos pasar por alto debido a nuestra distancia cultural.

Este tipo de sensibilidad al escenario enriquece nuestra exégesis y nos permite comunicar verdades bíblicas de maneras que resuenen con las audiencias contemporáneas. Además, en última instancia, profundiza nuestra comprensión y nuestro aprecio por las inescrutables riquezas de Cristo. Por lo tanto, adopta la postura de un aprendiz, dispuesto a dejar que el texto desafíe tus suposiciones. Deja que los escenarios de la Escritura, con toda su belleza y singularidad, transformen tu visión de Dios, del mundo y de ti mismo. Ese es uno de los regalos que nos ofrece la Palabra.

Herramienta 2: La metáfora, identificar el recurso valioso

¿A qué es semejante el reino de Dios y con qué lo compararé?
(Luc. 13:18, LBLA).

Al igual que un minero busca identificar el mineral valioso en la roca, nosotros, como intérpretes bíblicos, buscamos discernir la(s) metáfora(s) clave dentro de un pasaje. Identificar este recurso no siempre resulta sencillo. Al igual que el oro o los diamantes, las metáforas a menudo pueden ser sutiles y fáciles de pasar por alto a primera vista. Por ello, necesitamos contar con las herramientas adecuadas y un ojo entrenado.

¿Qué es una metáfora?

Una metáfora es hablar y experimentar una escena desde la perspectiva lógica de otra. Es hablar de A en términos de B. Una metáfora es «una proyección unidireccional de material conceptual» de la escena *Origen* a la escena *Destino.*[14] Por ejemplo, cuando decimos «*El Señor es mi Pastor*» (Sal. 23:1), proyectamos elementos de una escena del pastoreo (como el cuidado, la protección, la guía) sobre nuestra relación con Dios. La lógica de la situación de la escena *Origen* se usa para entender la escena *Destino*. Así como los mineros aprenden a reconocer las propiedades distintivas de los minerales valiosos, nosotros también debemos familiarizarnos con las características de las metáforas: su unidireccionalidad, transferencia parcial y lógica situacional.

¿Qué es una metáfora?

Tres elementos

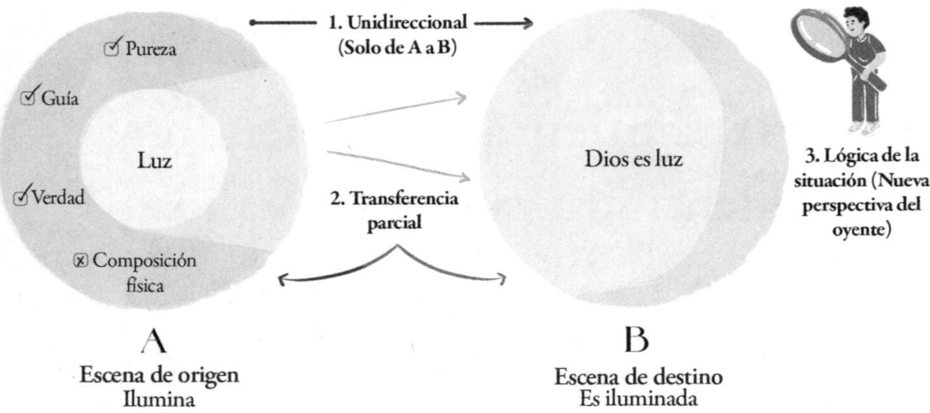

Características clave de las metáforas

Unidireccionalidad: la proyección siempre va del *Origen* al *Destino*. Invertir las escenas crea una metáfora diferente: «Dios es mi Roca» (Sal. 18:2) es una afirmación teológica; en cambio, decir «Una roca es mi Dios» es promover la idolatría.[15] Así como en la actividad minera, el proceso de extraer va en una sola dirección (de la mina a la superficie), la proyección metafórica siempre se dirige del *Origen* al *Destino*.

Transferencia parcial: solo ciertos elementos del *Origen* se proyectan sobre el *Destino*, no todos.[16] «Si la transferencia fuera total, un concepto sería realmente el otro, no simplemente entendido en términos de él».[17] Esto ocurre en una alegoría, donde cada detalle de la escena *Origen* representa algo en la escena *Destino*.[18] Una metáfora, en cambio, describe hechos particulares sobre una realidad, pero la comprensión y la experiencia de ella siguen siendo parciales. Para ilustrar este principio de transferencia parcial, tomemos como ejemplo la escena de un viaje.

Cuadro 1: Escena completa del viaje

Escena *Origen* (viaje)	**Elementos**
Viajero	La persona que emprende el viaje
Guía	Alguien que muestra el camino, líder
Camino	La ruta del viaje
Destino	El lugar o meta al que se dirige
Obstáculos	Dificultades en el camino
Plan de viaje	Itinerario, mapa, estrategia
Modo de transporte	Vehículo o pies
Equipaje	Pertenencias que se llevan
Alojamiento	Lugares para descansar en el camino
Compañeros de viaje	Otras personas que viajan juntas

Cuadro 2: Transferencia selectiva al discipulado basado en Mateo 16:24.

Entonces Jesús dijo a sus discípulos: Si alguno quiere venir en pos de mí, niéguese a sí mismo, y tome su cruz, y sígame. (Mateo 16:24)

Escena *Origen* (viaje)	**Escena *Destino* (discipulado)**
Viajero	Discípulo
Guía	Jesús
Destino	Seguir y parecerse a Jesús
Obstáculos	Negarse a sí mismo
Modo de transporte	Tomar la cruz (sufrimiento, sacrificio)
Duración del viaje	Toda la vida

Como hemos visto, la transferencia de la escena *Origen* a la escena *Destino* es parcial. Este principio es importante en el campo de los estudios bíblicos. Por ejemplo, algunos creyentes e intérpretes consideran que si decimos que la adopción es una metáfora, entonces no es *tan* real; que es como si dijéramos que «somos hijos de Dios», pero no de manera completa. Piensan que al etiquetarlo como una metáfora hace que pierda solidez como doctrina. El error radica en asumir que el lenguaje literal es verdadero, mientras que el metafórico es falso.

Veamos, por ejemplo, estas dos expresiones: «Jesús fue un gentil» y «Jesús vive en mí». La primera, entendida literalmente, es falsa; mientras que la segunda, en su naturaleza metafórica, comunica una verdad.[19] Por lo tanto, es crucial aclarar que decir «Esto es una metáfora» no implica que sea menos real o menos verdadero. De hecho, las metáforas comunican verdades de maneras que el lenguaje literal no puede. Cuando decimos «Somos hijos de Dios», usando un lenguaje literal, afirmamos una verdad profunda y fundamental sobre nuestra identidad y relación con Él. Esta declaración expresa directamente nuestra pertenencia a la familia de Dios. Por otro lado, al decir «Hemos sido adoptados como hijos de Dios», usando lenguaje metafórico, hablamos de un cambio de estado: de no pertenecer a la familia de Dios a ser acogido en ella. La metáfora destaca la iniciativa de Dios en nuestro rescate y el cambio radical en nuestra identidad. También implica que esta posición no es inherente, sino que fue concedida por la gracia y el amor de Dios, enfatizando la naturaleza inmerecida de nuestra nueva relación. Además, esta metáfora evoca el compromiso permanente de un padre adoptivo con su nuevo hijo, reflejando el amor inquebrantable de Dios y Su fidelidad hacia nosotros. También apunta a la vocación que ahora recibe el hijo, particularmente en lo que concierne a la herencia. Así, al usar el lenguaje metafórico de la adopción, no estamos debilitando la verdad de «ser hijos de Dios», sino que estamos ampliando y enriqueciendo nuestra comprensión de lo que ello significa.

Las metáforas tienen la capacidad única de capturar experiencias y realidades que van más allá de limitaciones del lenguaje literal. En el caso de nuestro ejemplo, ser adoptados como hijos de Dios constituye una realidad espiritual innegable, basada en lo que Cristo ha hecho por nosotros. Sin embargo, la forma en que expresamos y entendemos esta realidad es metafórica, usa el lenguaje y los conceptos de la adopción humana, dentro de un contexto cultural específico, para comprender nuestra relación con Dios.

Además, es de suma importancia diferenciar entre la construcción doctrinal de la adopción (que incluye nuestro texto de estudio, y todos los demás pasajes en los que se encuentra la misma metáfora) y la forma en que el autor está desarrollando esta metáfora (cómo evoca la escena en su contexto histórico y cultural) en un pasaje de estudio particular, para los propósitos de su discurso.

De regreso al estudio de las metáforas, el rol de la escena *Destino* es ayudarnos a ver qué elementos no deben proyectarse desde la escena *Origen*. Cuando la Biblia dice «Dios es luz» (1 Jn. 1:5), está destacando Su verdad, pureza y guía, mas no Su composición física (ondas electromagnéticas). Las metáforas resaltan selectivamente algunas características, mientras que dejan otras en segundo plano.

Para ilustrar este principio, permíteme dar un ejemplo desafortunado. En marzo de 2023, un extracto del libro titulado *Sex Won't Save You* (*But It Points to the One Who Will*), escrito por Joshua Buttler, fue publicado y a los días retirado del sitio web de *The Gospel Coalition*. La publicación generó controversia al llevar más allá de los límites el lenguaje de ser «un solo cuerpo», usado en Efesios 5, para hablar de la relación de Cristo con la Iglesia. Buttler empleó un lenguaje gráfico de penetración para describir cómo el semen de un esposo «salva» a su esposa al entrar en su útero. Esta interpretación distorsiona al Dios de la Biblia (que es distinto a las deidades paganas que violan a otras deidades e incluso a humanos) y «cristifica» el placer masculino. Este es un ejemplo desafortunado de exceso metafórico y proyección inapropiada.

Lógica de la situación: las metáforas no son meras figuras retóricas; son patrones de pensamiento. Múltiples expresiones aparentemente no relacionadas surgen de la misma metáfora. Por ejemplo, las expresiones «fundamento», «piedra angular» y «edificados» se derivan de la metáfora de que «la Iglesia es un edificio». Lo más importante es que la lógica de la situación en la escena *Origen* estructura la escena *Destino*.

Lamentablemente, algunos intentan parafrasear las metáforas o explicar lo que quieren decir. «¡Esta metáfora significa que debemos perseverar, mis hermanos!». Justo en ese momento, el predicador acaba de despojar a la metáfora de su fuerza y vitalidad. Paul Ricoeur nos recuerda que las metáforas no se pueden reformular de esta manera.[20] La razón es sencilla: las metáforas evocan, transportan. Si digo «Estoy corriendo la maratón de mi vida», estoy evocando las sensaciones de perseverancia, cansancio, determinación, ímpetu. A menudo olvidamos que la metáfora no es solo un contenedor de información, es parte del mensaje. Las metáforas no solo comunican algo, sino que también hacen algo en sus oyentes: provocan, confrontan, reafirman la identidad y proveen una nueva perspectiva.[21]

Es importante mencionar que algunas traducciones de la Biblia, en su intento de hacer el texto más comprensible, optan por explicar las metáforas. Sin embargo, esto puede ser contraproducente, ya que al hacerlo se pierde la riqueza de su lógica situacional. Por ejemplo, cuando una traducción explica «correr la carrera que tenemos por delante» como «perseverar en la fe», aunque comunica el significado general, pierde los matices de esfuerzo, disciplina, resistencia y meta final. La meta no es traducir, sino transportar a la audiencia del sermón a la carrera atlética.

Tip: Las versiones de la Biblia tienen diferentes filosofías de traducción, y cada una es útil para el intérprete. En este caso, la sugerencia es usar versiones cuya filosofía de traducción busque mantenerse lo más cercana al lenguaje que fue usado en el idioma bíblico (por ejemplo, la Reina Valera, la Biblia de las Américas), no las que buscan traducir el lenguaje de texto al lenguaje de hoy (las cuales también son valiosas).

Además, si la escena *Origen* de la metáfora ya no tiene ninguna resonancia en la audiencia, la tarea del intérprete, aparte de ayudar a la audiencia a entender el significado de la metáfora en su contexto original, debe traducir su lógica situacional a una metáfora que tenga sentido para la audiencia de este momento. Esto implica encontrar formas de ayudar a los oyentes a experimentar y entender las mismas dinámicas y relaciones que la metáfora original evocaba en sus primeros oyentes. De esta forma, la metáfora mantiene su capacidad para estructurar no solo nuestro entendimiento, sino también nuestras emociones y respuestas.

Para entender mejor la diferencia entre explicar una metáfora y traducir su lógica situacional, consideremos el Salmo 119:105: «Lámpara es a mis pies tu palabra, y lumbrera a mi camino». Una traducción explicativa podría decir «Tu palabra me guía y me da dirección», lo cual, aunque comunica el significado básico, pierde la riqueza de la imagen original. En contraste, presentar la Palabra como un «bombero que muestra el camino fuera de las llamas», como ocurre en un sermón sobre este texto (ver Parte II), traduce la lógica situacional a un escenario contemporáneo que preserva los mismos roles y dinámicas: alguien que necesita guía (la persona desorientada), en una situación de peligro y oscuridad (el fuego y el humo), con un guía confiable que conoce el camino (el bombero/la Palabra). Esta actualización mantiene la tensión dramática y la urgencia de la metáfora original, permitiendo que los oyentes experimenten el mismo impacto que la imagen de la lámpara tenía para una audiencia antigua que entendía el peligro real de caminar en la oscuridad.

Ponerles nombre a las metáforas

Así como los mineros etiquetan y clasifican sus hallazgos, les ponemos nombre a las metáforas para identificarlas y estudiarlas más fácilmente. En lingüística, se les pone nombre a las metáforas usando letras mayúsculas en el formato «*Destino* es *Origen*»,[22] como en «*Estar en Relación con Dios es Ser Adoptado como Hijo*». Esto resalta los dos escenarios involucrados y la dirección de la proyección. Escucho con frecuencia que en Efesios 6 se habla de la metáfora de la guerra. El problema es que solo se identifica la escena *Origen*, dejando de lado la escena *Destino*. Un nombre más adecuado sería: «La Vida Cristiana es una Guerra». Para establecer el nombre se debe indicar la presencia de ambas escenas en el texto (aun si la escena *Destino* no aparece explícitamente).

Es necesario aclarar también que las metáforas no siempre aparecen en los textos como «*Destino* es Fuente» o «*El Señor es mi Pastor*». Es decir, no siempre aparecen como sustantivos (por ej.: *Ciudadanos* y *Templo*, en Efesios 2:19-22), también aparecen en forma de verbos (como «Contender por la fe» en Judas 1:3). En el texto griego original, el verbo usado es «ἐπαγωνίζεσθαι» (*epagonizomai*).

Ver a través de la metáfora

Más que meras figuras retóricas, las metáforas son lentes que configuran nuestra percepción de la realidad. Nos invitan a ver el *Destino* a la luz del *Origen*, a imaginar un concepto en términos de otro. Este «ver como» tiene el poder de transformar nuestra comprensión y experiencia en varios niveles:

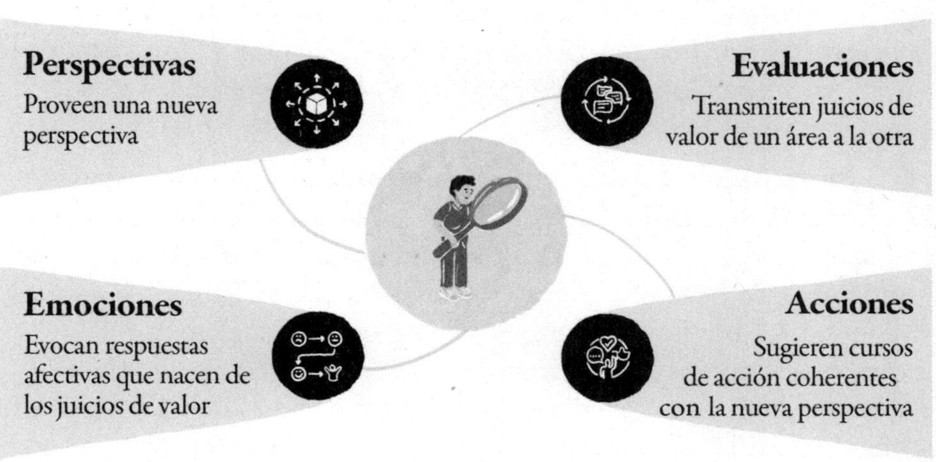

Nivel 1. Perspectiva: Jesús presenta Su muerte no solo como una ejecución criminal, sino como un acto ofrecido para cumplir un propósito (Juan 10:17-18).[23] Pablo animó a sus lectores a pensar en su martirio no como una muerte cruel, sino como una ofrenda que se derrama (2 Tim. 4:6). Pablo también usa imágenes maternales —lenguaje que transmite cercanía, intimidad, dolor, vulnerabilidad y debilidad— para expresar su relación con las iglesias entre los tesalonicenses, los corintios y los gálatas.[24]

Nivel 2. Evaluaciones: las metáforas transfieren expectativas morales de un área a otra.[25] Transmiten juicios de valor, lo que da color a nuestra respuesta emocional a un concepto. Por ejemplo, describir a los no creyentes como «ovejas perdidas» evoca compasión y urgencia; en cambio, llamarlos «enemigos de Dios» genera recelo. Las metáforas nunca son neutras, siempre conllevan una postura evaluativa.

Nivel 3. Emociones: imagina que estás caminando por un sendero en el bosque y ves una serpiente. Tu reacción es de terror y sientes el impulso de huir. Sin embargo, al mirar más detenidamente, te das cuenta de que es solo una rama caída. En ese momento, tu respuesta emocional cambia por completo: el miedo se disipa y quizás te ríes. O considera cómo diferentes personas reaccionan a una montaña rusa: para algunos es un disfrute, mientras que a otros les provoca terror y ansiedad. La misma experiencia física de aceleración y altura produce respuestas emocionales diferentes según cómo la persona evalúa la situación: riesgo o disfrute.

Estos ejemplos ilustran un principio fundamental sobre cómo funcionan nuestras emociones: nuestras respuestas emocionales no son simples reacciones automáticas a estímulos externos, sino que están íntimamente ligadas a cómo evaluamos o «apreciamos» las situaciones.[26] La teoría de la apreciación emocional sugiere que nuestro cerebro interpreta constantemente los eventos y las circunstancias, y nuestras emociones reflejan estas interpretaciones. Un mismo evento objetivo puede provocar diferentes respuestas emocionales subjetivas dependiendo de si nos afecta de forma directa o no, es decir, lo interpretamos viendo cómo afectan nuestra seguridad, nuestras metas y nuestros valores.[27]

¿Cómo se transforma la emoción? Este cambio se produce a través de una reevaluación de la situación, como en el caso de la rama que se percibió como una serpiente. Y cuando hablamos de reevaluación estamos en el campo de la metáfora, precisamente porque esta, como hemos dicho, provee información proposicional (nos dice algo sobre el tema que se está abordando) y de perspectiva (nos lleva a ver una situación y nuestro rol en ella desde el marco de la metáfora).

Así que las metáforas son esenciales en el proceso de reevaluación. Cuando la Biblia nos presenta una metáfora, no se limita a ofrecer información nueva, sino que nos está proporcionando un nuevo marco interpretativo que puede transformar fundamentalmente cómo evaluamos y respondemos en el plano emocional a diferentes aspectos de nuestra vida.

Las metáforas bíblicas tienen la asombrosa capacidad de transformar nuestra perspectiva sobre las realidades más fundamentales de la experiencia humana. Tomemos la muerte como ejemplo. Solemos verla principalmente como un final trágico e irreversible, el cese definitivo de la vida. Sin embargo, la Escritura emplea metáforas que reorientan esta perspectiva.

Al describir la muerte como «dormir» (1 Tes. 4:13-14), la Biblia transforma con sutileza nuestra comprensión de la muerte, que pasa de ser un final permanente a un estado transitorio del cual despertaremos. Cuando Pablo habla de la muerte usando la imagen de una semilla plantada (1 Cor. 15:36-38), está invitándonos a ver la muerte no como el fin de la historia, sino como el comienzo de una transformación gloriosa. Al describir la muerte como «partir para estar con Cristo» (Fil. 1:23), transforma la experiencia de pérdida y separación en un encuentro profundamente anhelado.

Esta transformación de perspectiva también abarca cómo la Biblia aborda el sufrimiento humano. Las metáforas que la Escritura emplea no pretenden minimizar el dolor real que experimentamos, pero sí reconfiguran profundamente su significado en nuestra vida. El sufrimiento visto como un fuego refinador (1 Ped. 1:7) nos invita a ver nuestras pruebas no como destrucción sin propósito, sino como un proceso de purificación intencional.

La imagen del entrenamiento paternal (Heb. 12:7-11) transforma nuestra experiencia de dolor, que generalmente ve el sufrimiento como un castigo arbitrario, para convertirla en un proceso formativo guiado por el amor del Padre. Asimismo, cuando Pablo habla de ser «participantes de los padecimientos de Cristo» (1 Ped. 4:13, RVR1960), eleva nuestras experiencias difíciles, transformándolas de obstáculos a oportunidades de comunión más profunda con nuestro Salvador.

Esto sin mencionar que las metáforas bíblicas reformulan nuestra propia identidad. Al describirnos como «nueva creación» (2 Cor. 5:17, NVI), la Escritura nos invita a vernos no como versiones mejoradas de nuestro antiguo yo, sino como personas fundamentalmente transformadas. La metáfora de estar injertados en Cristo (Rom. 11:17) sugiere una unión vital que va mucho más allá de una simple asociación religiosa. Y al llamarnos «templo del Espíritu Santo» (1 Cor. 6:19), la Biblia eleva nuestra comprensión de la corporalidad humana: de mero recipiente físico a espacio sagrado donde Dios mismo habita.

Estas metáforas nos invitan a habitar un mundo nuevo donde la muerte no tiene la última palabra, el sufrimiento tiene propósito redentor y nuestra identidad está firmemente anclada en nuestra unión con Cristo. Lo importante es esto: nuestra comprensión, nuestras emociones y nuestras acciones son transformadas por la renovación de nuestro entendimiento.

Nivel 4. Acciones: finalmente, las metáforas sugieren cursos de acción y formas de responder a la realidad que describen. Si «la Vida es un Viaje», se deduce que deberíamos establecer metas, superar obstáculos y seguir adelante. Si «la Vida es una Fiesta», nuestra prioridad es celebrar y disfrutar. Las metáforas conducen a diversos patrones de comportamiento.

La metáfora «la Vida Cristiana es una Guerra» se emplea para animar tanto a hombres como a mujeres creyentes a resistir el mal y luchar por el evangelio. Las imágenes del atleta, el soldado y el gladiador (Fil. 4:3) proporcionaron a hombres y a mujeres valentía para enfrentar la persecución y el martirio. Todas estas imágenes buscan llevar a los creyentes a la madurez en Cristo.

Explorar estos efectos multidimensionales es crucial para una exégesis matizada y una predicación capaz de cautivar la imaginación. Es necesario discernir no solo el contenido proposicional de una metáfora bíblica, sino también su impacto: cómo invita a su audiencia a ver, valorar, sentir y actuar de manera diferente. Este enfoque integral es más consistente con el impacto que generan las metáforas.

El arte de la metáfora

Al igual que en la minería, la interpretación metafórica conduce a descubrimientos inesperados. Las metáforas bíblicas frecuentemente desafían nuestras expectativas y pueden manifestarse de tres maneras distintas:

Giros inesperados: ocurren cuando una una metáfora redefine completamente el significado convencional de un símbolo cultural conocido. Por ejemplo, Pablo toma la cruz romana —un símbolo de tortura y dominación imperial— y la transforma en un emblema de victoria y poder divino. En Gálatas, redefine la crucifixión: los creyentes son crucificados con Cristo (2:20), han «crucificado la carne» (5:24), y el mundo ha sido crucificado para ellos (6:14). Esta inversión radical convierte el símbolo más poderoso de opresión romana en un instrumento de liberación.[28]

Incongruencia metafórica: implica la combinación intencional de elementos aparentemente incompatibles que, juntos, crean un significado más profundo que cualquiera de ellos por separado. El ejemplo más claro es la presentación de Cristo como león y cordero en Apocalipsis 5:5-6. Ninguna de las dos imágenes por sí sola captaría plenamente la naturaleza de Cristo: Su poder y sacrificio, Su majestad y mansedumbre. De manera similar, Pablo describe a Dios como «el justo, y el que justifica» (Rom. 3:26, RVR1960), combinando roles que, en un tribunal humano, serían mutuamente excluyentes.[29]

Expresiones antitéticas: son formulaciones paradójicas estructuradas como afirmaciones en tensión directa. En 2 Corintios 4, Pablo enumera varias de estas paradojas: «Afligidos en todo, pero no agobiados; perplejos, pero no desesperados; perseguidos, pero no abandonados». Estas expresiones revelan una verdad espiritual más profunda: que la experiencia cristiana frecuentemente existe en la tensión entre experiencias opuestas sostenidas por la metáfora de «el Creyente es una Vasija de Barro», que resalta a la vez la fragilidad del contenedor y el poder del contenido.

Estas sorprendentes metáforas bíblicas nos desafían a ver el mundo desde una nueva perspectiva: a través de los ojos de Dios. Nos llaman a reevaluar nuestros valores, realinear nuestras lealtades y reimaginar nuestra identidad a la luz del evangelio.

EJERCICIO: DESCIFRAR METÁFORAS BÍBLICAS

Para desentrañar el significado de una metáfora bíblica, prueba los siguientes pasos:

1. **Evoca la escena *Origen***
- Considera qué elementos, roles, relaciones y lógica son necesarios para construir la escena.
2. **Proyecta a la escena *Destino***
- Identifica la escena o experiencia que está siendo descrita o entendida en términos del *Origen*.
- Transfiere los elementos específicos del *Origen* sobre el *Destino*, fijándote en qué aspectos se destacan.
3. **Explora con un nuevo lente**
- Reflexiona sobre cómo ver el *Destino* a través del lente del *Origen* impacta:

  La perspectiva sobre la naturaleza del *Destino*.
  Las evaluaciones o el juicio del *Destino*.
  Las emociones evocadas en respuesta al *Destino*.
  Las acciones sugeridas o implicadas en relación con el *Destino*.

Considera cómo esta perspectiva desafía o refuerza las concepciones típicas del *Destino*.

4. **Fíjate en lo que falta**
- Identifica los aspectos del *Destino* que son minimizados u oscurecidos por la metáfora.
- Considera cómo otras metáforas bíblicas para el mismo *Destino* pueden complementar o equilibrar esta.

En última instancia, desarrollar nuestro sentido metafórico es participar en un acto en el que el Espíritu nos devuelve la vista. De repente, vemos el mundo tal como es: impregnado de la presencia y el propósito de Dios, y destinado a la redención final. Las metáforas bíblicas nos entrenan para ver cómo el evangelio lo cambia todo.

Ejercicio

Para ilustrar cómo una metáfora estructura nuestra comprensión y práctica, examinemos cómo inconscientemente entendemos «hacer discípulos» en términos de producción industrial. Este ejemplo nos mostrará cómo una escena *Origen* moldea nuestra comprensión de una escena *Destino*.

Cuando en la iglesia hoy se escucha el mandato de «hacer discípulos a todas las naciones», dos aspectos del texto nos predisponen a pensar en términos de producción en masa.

Primero, el verbo «hacer», que en nuestro contexto industrializado evoca inmediatamente procesos de manufactura. Segundo, la escala del mandato—«todas las naciones»— que sugiere la necesidad de un sistema eficiente y escalable.

Aunque la producción artesanal (como hacer una torta de cumpleaños) también implica un proceso de «hacer», la magnitud de la tarea parece exigir métodos industriales. Después de todo, ¿cómo podríamos alcanzar a todas las naciones con un enfoque puramente artesanal? Esta percepción lleva de forma natural a adoptar la lógica de la producción en masa.

En la escena de producción industrial (escena *Origen*), encontramos una lógica situacional muy específica. El proceso está diseñado para máxima eficiencia: cada trabajador tiene una tarea específica, los movimientos están optimizados, los tiempos están controlados. El objetivo es producir el mayor número posible de unidades idénticas que cumplan con especificaciones exactas. El éxito se mide en términos cuantitativos: unidades producidas, eficiencia del proceso, consistencia del producto.

Cuando esta lógica situacional se transfiere inconscientemente al discipulado (escena *Destino*), comienza a moldear cómo pensamos, sentimos y actuamos en relación con la formación de discípulos. Los programas de discipulado se diseñan como líneas de ensamblaje espirituales: las personas entran en un extremo como «materia prima» y se espera que salgan del otro como «productos terminados» después de pasar por una serie de estaciones predeterminadas.

Esta transferencia metafórica se manifiesta en múltiples aspectos de cómo concebimos y organizamos el discipulado. Los roles se distribuyen como en una fábrica: los «supervisores» (pastores) supervisan el proceso, los «operarios especializados» (líderes de ministerios) manejan componentes específicos de la formación, y el «control de calidad» (evaluaciones y métricas) verifica los resultados obtenidos. Los programas se estructuran en etapas secuenciales, cada una construyendo sobre la anterior como una línea de ensamblaje: clase 101 de membresía, clase 201 de madurez, clase 301 de ministerio, y así sucesivamente.

La eficiencia se vuelve una prioridad central. Se busca optimizar el tiempo para «procesar» el mayor número posible de personas. Las interacciones se estandarizan para ser reproducibles y escalables. Se desarrollan manuales y currículos detallados para asegurar consistencia en el «producto final». El progreso se mide principalmente en términos cuantitativos: asistencia, cumplimiento de tareas, conocimiento adquirido.

Esta lógica industrial también moldea nuestras expectativas sobre los resultados. Así como una línea de producción debe generar productos idénticos, esperamos que nuestros programas de discipulado produzcan creyentes que se ajusten a un modelo estandarizado de madurez espiritual.

Las implicaciones de esta transferencia metafórica son profundas y, a menudo, problemáticas. Primero, reduce el discipulado de una relación transformadora a un proceso técnico. La rica dinámica de crecimiento espiritual se comprime en una serie de pasos predecibles y medibles. La individualidad se ve como una variable a controlar más que como una expresión única del trabajo del Espíritu.

Segundo, distorsiona los roles en la comunidad de fe. Los líderes se convierten en gerentes de procesos más que en mentores espirituales.

Los miembros se vuelven productos a ser procesados más que personas en un viaje de transformación. Las relaciones se instrumentalizan, valoradas principalmente por su contribución a resultados medibles.

Tercero, esta metáfora puede crear una falsa sensación de control sobre el proceso de formación espiritual. Así como una línea de producción promete resultados predecibles si se siguen los procedimientos correctos, podemos caer en la falsa idea de que el crecimiento espiritual puede ser igualmente controlado y estandarizado.

Lo que es más fundamental, esta metáfora puede oscurecer la naturaleza esencial del discipulado como obra del Espíritu Santo. La producción en masa enfatiza el control humano y la previsibilidad, mientras que el verdadero discipulado implica cooperar con el trabajo soberano, y a menudo misterioso, del Espíritu en la vida de cada creyente.

La prevalencia de esta metáfora en nuestro pensamiento y práctica revela cuán profundamente la mentalidad industrial ha permeado nuestra comprensión del discipulado.

Es importante aclarar que no hay nada inherentemente incorrecto en que las iglesias desarrollen programas, cursos y procesos para enseñar los fundamentos de la fe cristiana. Estos recursos pueden ser valiosos para proporcionar una base inicial de conocimiento y práctica. El problema surge cuando equiparamos estos programas estructurados con el discipulado mismo, cuando confundimos las herramientas introductorias con el viaje completo de seguir a Cristo.

Al examinar el texto original de Mateo 28:19, encontramos que «hacer discípulos» es en realidad un solo verbo en griego (*mathēteusate*), que significa «discipular». Esto sugiere una comprensión muy diferente del discipulado: en lugar de un proceso de producción con un inicio y un final definidos, el discipulado es un verbo activo, un modo de vida continuo.

En el contexto del primer siglo, ser un discípulo significaba seguir a un maestro (la escena *Origen* es la de un viaje), no simplemente asistir a sus clases, sino compartir su vida. Los discípulos caminaban con su maestro, comían con él, observaban cómo interactuaba con otros, veían cómo aplicaba sus enseñanzas en situaciones reales. Era una relación de vida completa que transformaba gradualmente al discípulo a la imagen de su maestro.

Esta comprensión del discipulado como «seguir al maestro» tiene implicaciones profundamente diferentes:

- no tiene punto final; es un compromiso de por vida;
- es inherentemente relacional;
- ocurre en el contexto de la comunidad;
- se enfoca en la transformación integral, no solo en la adquisición de conocimiento;
- es único para cada persona, moldeado por la obra particular del Espíritu;
- involucra todos los aspectos de la vida, no solo disciplinas espirituales.

Ejercicio: Mateo 28:19, *«así que, al ir, discipulad las naciones, bautizándolos en el nombre del Padre y del Hijo y del Espíritu Santo»* (traducción propia).

3. EXPLORA CON UN NUEVO LENTE

El entendimiento del discipulado como identificación con Cristo crucificado y resucitado transforma radicalmente cómo vemos:

Perspectiva:

- La autoridad proviene del Cristo resucitado, no de capacidades humanas.
- El discipulado es un proceso continuo («hasta el fin del mundo»), no un programa temporal.
- Es universal en alcance («todas las naciones»), no limitado a un grupo.

- La presencia de Cristo es la garantía del éxito, no nuestras estrategias.

Evaluaciones:

- El éxito se mide por la obediencia a los mandamientos de Cristo.
- La enseñanza debe ser integral («todo lo que os he mandado»), no selectiva.

Emociones:

- Confianza basada en la autoridad y en la presencia de Cristo.
- Valentía para la misión por Su promesa de acompañamiento.
- Gozo en la certeza de Su presencia continua.

Acciones:

- «Ir» - tomar iniciativa en hacer discípulos.
- Bautizar - incorporar personas a la comunidad de fe.
- Enseñar - formar en obediencia integral.
- Confiar en Su presencia mientras cumplimos la misión.

Varios aspectos de Mateo 28:16-20 resultan sorprendentes e incongruentes cuando se ven a través del lente del discipulado del primer siglo:

- En el mundo del primer siglo, los discípulos escogían a su maestro. Aquí, es Cristo quien tiene la iniciativa y la autoridad para comisionar. No es una elección humana sino un llamado divino.
- Tradicionalmente, los maestros limitaban su enseñanza a un grupo selecto. El mandato de Cristo es universal («todas las naciones») rompiendo barreras culturales, étnicas y sociales.
- Los maestros acababan dejando a sus discípulos. Cristo promete Su presencia continua «hasta el fin del mundo», una presencia que trasciende las limitaciones temporales y físicas.
- Los rabinos transmitían su propia interpretación de la ley. Aquí, los discípulos deben enseñar «todo lo que os he mandado». La

autoridad reside en las palabras de Cristo, no en interpretaciones humanas.

Es importante observar qué aspectos de la metáfora no se resaltan en nuestro texto. Un ejercicio útil es observar otras escenas bíblicas que iluminan aspectos del discipulado diferentes a los que se encuentran en Mateo 28.

- La «nueva creación» (2 Cor. 5:17, NVI) enfatiza la transformación interior y la obra del Espíritu Santo en el proceso del discipulado, un aspecto no explícito en Mateo 28.
- El «cuerpo de Cristo» (1 Cor. 12) resalta la interdependencia entre los discípulos y los diferentes roles en el cuerpo, algo que Mateo 28 no desarrolla explícitamente.
- La vid y los sarmientos (Juan 15) subrayan la necesidad de una conexión vital y continua con Cristo para la fructificación, un aspecto de dependencia orgánica que va más allá de la relación entre maestro y discípulo.
- La relación de Padre con sus hijos adoptados (Ef. 1) enfatiza el aspecto familiar y relacional del discipulado, la intimidad con el Padre y nuestra nueva identidad, dimensiones no explícitas en la metáfora de Mateo 28.
- La guerra (2 Tim. 2:3) destaca aspectos de disciplina, lealtad y guerra espiritual en el discipulado que no son tan evidentes en la comisión de Mateo 28.

Estas metáforas complementarias nos ayudan a tener una comprensión más rica y completa de lo que significa ser y hacer discípulos de Cristo.

(Para ver cómo este análisis ayuda a estructurar un sermón, ve a la página 117).

Herramienta 3: El discurso, analizar las condiciones geológicas

Si la herramienta 2 es nuestro pico y nuestra pala, la herramienta 3 es nuestra lámpara de minero, que arroja luz sobre los diversos tipos de tesoros metafóricos que podemos encontrar. Para comenzar, la primera pista para evaluar si estamos frente a una metáfora en el texto es una expresión lingüística, ya sea una palabra, una frase o una oración.[30] Palabras y frases como «pie», «pasos», «camino», «seguir el paso», «curso», «tropezar» y términos relacionados con «ir» y «venir»,[31] muestran que «caminar» es una forma característica de hablar sobre la vida cristiana (Ef. 2:2, 10; 4:1, 17; 5:2, 8, 15). «Los creyentes usaron περιπατέω/caminar para pensar y hablar sobre la idea más abstracta de la conducta».[32] Por lo tanto, es necesario interpretar el «caminar» de Efesios 2:2-10 como referencia a la «conducta» del creyente. Así que estamos frente a una metáfora porque estamos hablando de A en términos de B, estamos hablando de la «conducta» en términos de «caminar». La «conducta»/«caminar» del creyente debe concordar con las instrucciones de Dios, tal como se retratan en el mensaje del evangelio.

El contexto literario es crítico para interpretar la metáfora, ya sea una frase, una oración, un párrafo o un libro completo. Por ejemplo, «león» en la Biblia puede expresar realeza, cuando se menciona a Jesús como el «León de la tribu de Judá» (Apoc. 5:5). Sin embargo, también puede significar salvajismo (1 Ped. 5:8), cuando se refiere a la obra de Satanás buscando a quién devorar. En Romanos 6:4, «muerte» se usa para hablar sobre lo que les sucede a los creyentes cuando se unen a Cristo en Su propia muerte. En Efesios 2:1, «muerte» define el estado de la audiencia antes de que estuvieran en Cristo. Estos ejemplos ilustran la necesidad de ver las metáforas en su contexto.

Esta dependencia del contexto plantea una pregunta importante: ¿todas las metáforas bíblicas funcionan de la misma manera o algunas poseen mayor peso teológico que otras? La experiencia interpretativa sugiere que, si bien cada metáfora debe entenderse en su contexto específico, existe una jerarquía conceptual en el lenguaje metafórico de la Escritura. Ciertas imágenes actúan como metáforas matrices que organizan y dan coherencia a otras metáforas secundarias, funcionando como puntos de referencia centrales para comprender la naturaleza divina y la experiencia de fe. Algunas escenas como «padre», «rey», «juez» y «pastor» parecen ser más centrales (prototípicas) para expresar poder y protección que otras imágenes en la Biblia.[33] Sin embargo, en la cultura moderna, con la desintegración y nuevas definiciones de la familia, cada vez es más difícil, por ejemplo, hablar del padre sin tener que explicar lo que evoca en los contextos en los que se usó:

> Cuando llamamos a Dios «Padre» hoy, ¿comunicamos que Dios tiene el poder de un gobernante en una monarquía y la intimidad, el amor y el cuidado de un padre o una madre? ¿Qué término podría ser equivalente hoy? [...] Emperador-príncipe/princesa es una posibilidad. El exemperador Haile Selassie de Etiopía tiene herederos, pero, para su desgracia, fue depuesto. Dios, por otro lado, nunca puede ser depuesto. La monarquía británica podría aplicar como ejemplo; sin embargo, los reyes actuales no tienen los poderes que tenían los monarcas en la antigüedad. Primer ministro podría ser mejor, o presidente. Pero no tienen herederos.[34]

El caso de «Padre» ilustra bien el desafío de interpretar y predicar sobre las metáforas en nuestro contexto. Además, a algunos puede parecerles que al hablar de un uso metafórico del término «Padre» estamos afirmando que no es el nombre revelado de la primera persona de la Trinidad. Sin embargo, «en el contexto bíblico, los nombres a menudo funcionan tanto de manera nominal como metafórica. Un ejemplo claro de esto es el nombre «Pedro» (*Petros* en griego), que significa «roca» y sirve tanto como nombre propio y como metáfora».[35] Siguiendo esta lógica, no es contradictorio considerar «Padre» como un nombre revelado y, al mismo tiempo, como una metáfora rica en significado teológico.

Con esta información en mente, ahora podemos adentrarnos en el fascinante mundo de los tipos de metáforas y, a su vez, explorar ejemplos bíblicos concretos, para luego considerar cómo aplicarlos en la exposición de la Palabra.

Tipos de metáforas

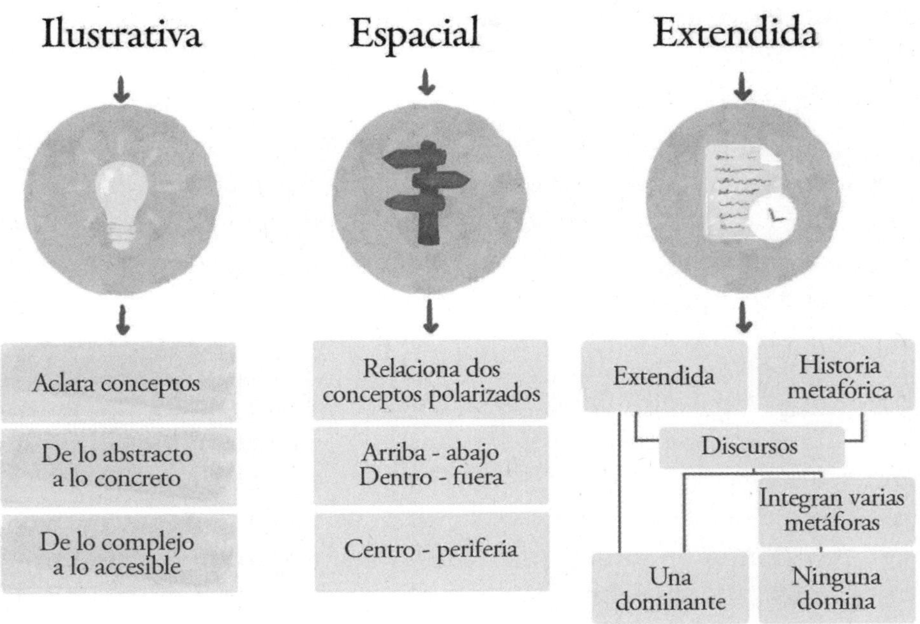

Al igual que los distintos minerales y gemas de una mina, las metáforas ilustrativas, espaciales y extendidas añaden su propio brillo al discurso bíblico.

Metáforas ilustrativas. Son comparaciones puntuales que iluminan un concepto específico sin necesariamente determinar la estructura general del discurso. Funcionan como pequeños focos que arrojan luz sobre una idea particular, haciéndola más comprensible o fácil de recordar. Por ejemplo, cuando Pablo advierte en Efesios 4:14 que no seamos «llevados por doquiera de todo viento de doctrina», utiliza la escena *Origen* del fenómeno meteorológico para ilustrar la escena *Destino* de la inestabilidad doctrinal.

A diferencia de las metáforas ilustrativas, las metáforas extendidas o estructurales organizan y dan forma a secciones enteras del discurso. En Efesios 4, encontramos una metáfora estructural donde la escena *Origen* es el cuerpo humano y la escena *Destino* es la Iglesia. Esta metáfora estructura el pensamiento de Pablo a lo largo del capítulo: la unidad de la Iglesia se entiende como «un cuerpo» (v. 4); Cristo se presenta como «la cabeza» que dirige este cuerpo (v. 15); el desarrollo espiritual se describe como el crecimiento orgánico del cuerpo (v. 16); los ministerios individuales se entienden como funciones de las diferentes partes del cuerpo (v.16).

Esta metáfora no es simplemente ilustrativa, sino estructural; es decir, proporciona el marco conceptual para entender la unidad de la Iglesia, la diversidad de dones, la autoridad de Cristo y el crecimiento colectivo de los creyentes. Pablo no solo alude a esta imagen: el apóstol estructura su argumento teológico completo siguiendo la lógica de la metáfora.

Metáforas espaciales (o de orientación). La experiencia corporal humana es el fundamento de las metáforas espaciales que permean nuestro lenguaje cotidiano.[36] Desde nuestra infancia, experimentamos directamente relaciones espaciales que luego moldean nuestra comprensión de nosotros y del mundo que nos rodea: vertemos líquidos de arriba hacia abajo con el fin de que el agua suba su nivel en un recipiente, estiramos nuestro cuerpo hacia arriba para alcanzar objetos, observamos cómo las plantas crecen hacia el cielo.[37] Estas experiencias físicas básicas se convierten en esquemas conceptuales que aplicamos a experiencias abstractas. Cuando «chocamos los cinco» en celebración, «levantamos las manos en señal de victoria», recibimos un «ascenso» o describimos nuestra meta en la compañía como «escalar», estamos reflejando esta orientación Abajo-Arriba que estructura nuestra comprensión del mundo: todo lo bueno de la vida ocurre arriba. La meta es llegar y permanecer arriba.

En los textos bíblicos, las metáforas de orientación vertical aparecen constantemente. Dios habita «en las alturas» (Sal. 113:5), su trono está «en los cielos» (Sal. 11:4) y Cristo es exaltado «hasta lo sumo» (Fil. 2:9). Esta orientación vertical nos permite conceptualizar temas abstractos como el poder, la autoridad y la virtud en términos espaciales comprensibles.

Sin embargo, la narrativa bíblica también presenta un giro inesperado y profundo en esta lógica espacial. Aunque lo divino se asocia con lo elevado, la salvación en las Escrituras sigue frecuentemente un movimiento descendente. Contrario al paradigma de la Torre de Babel, donde los humanos intentaban alcanzar el cielo por sus propios esfuerzos, el patrón de salvación bíblico muestra a Dios descendiendo hacia la humanidad. Dios «descendió» para ver la torre (Gén. 11:5), así como para liberar a Israel de Egipto (Ex. 3:8), Cristo «descendió del cielo» como el pan de vida (Juan 6:51). El Espíritu Santo descendió sobre Jesús (Mat. 3:16) y sobre los discípulos (Hech. 2:1-4). La Nueva Jerusalén misma «desciendía del cielo» (Apoc. 21:2).

Esta inversión metafórica es teológicamente significativa: donde las religiones y las filosofías humanas suelen visualizar la salvación como un ascenso del hombre hacia lo divino, las Escrituras presentan el patrón opuesto: Dios desciende para rescatar a Su pueblo y para habitar con él, tal como lo encontramos en la encarnación (Fil. 2:5-8).

Ya que hemos revisado la relación de nuestro cuerpo con el espacio verticalmente, es importante revisar nuestra relación con el espacio horizontalmente.

Nuestro cuerpo establece la primera experiencia fundamental de contenedor que conocemos. Desde el momento de la concepción, experimentamos el útero materno como nuestro primer contenedor: un espacio envolvente que nos proporciona límites, protección y sustento. Al nacer, nuestras experiencias corporales continúan reforzando este patrón: ingerimos alimentos que entran en nuestro cuerpo, experimentamos emociones que sentimos «dentro» de nosotros y aprendemos a distinguir entre nuestro cuerpo (interior) y el mundo exterior (exterior), en el que nuestra piel funciona como límite. Estas experiencias primarias se expanden cuando interactuamos con contenedores físicos: tazas que contienen líquidos, habitaciones que contienen personas, cajas que contienen objetos.

La lógica básica de contenedor (un interior, un exterior y un límite que los separa) se convierte en una experiencia que trasladamos a experiencias más abstractas. Hablamos de «entrar en una relación», «estar fuera de control», o «mantenerse dentro de los límites». Organizamos nuestras relaciones sociales en términos de inclusión y exclusión: pertenecemos a grupos, estamos «dentro» o «fuera» de determinados círculos y experimentamos la aceptación o el rechazo social como movimientos metafóricos a través de límites.

En las Escrituras, las metáforas de contenedor estructuran conceptos teológicos fundamentales. La narrativa bíblica comienza precisamente con un contenedor: el Edén, un jardín delimitado y protegido con entradas y salidas específicas, donde Dios coloca a los primeros humanos (Gén. 2:8-15). La expulsión de este espacio sagrado (Gén. 3:23-24) representa el primer cruce de un límite espacial con consecuencias importantes. Este patrón establece una trayectoria narrativa que atraviesa toda la Escritura hasta su conclusión en Apocalipsis.

La comunidad del pacto se define constantemente mediante fronteras que separan a los que están «dentro» de los que están «fuera». En el Antiguo Testamento, Israel es separado de las naciones mediante leyes, rituales y símbolos físicos, como la circuncisión. El tabernáculo y el templo funcionan como contenedores sagrados con espacios de santidad cada vez mayor, culminando en el Lugar Santísimo, donde Dios habita. Incluso la tierra prometida se entiende como un contenedor que «fluye leche y miel», con claras fronteras geográficas.

En el Nuevo Testamento, las metáforas de contenedor sufren una profunda reconfiguración. Juan 1:14 declara que el Logos «habitó (literalmente, "hizo una tienda") entre nosotros», desafiando las concepciones tradicionales de lo divino como separado espacialmente de lo humano. Jesús siempre atraviesa límites sociales considerados inquebrantables. Lo hace, por ejemplo, tocando a los impuros, comiendo con pecadores, interactuando con samaritanos.

Pablo elabora sus discursos con metáforas de contenedor, sobre todo con la expresión «en Cristo» (ἐν Χριστῷ) en sus epístolas. Esta frase preposicional no es una simple fórmula estilística, sino una metáfora que reconceptualiza la identidad del creyente como alguien que existe dentro de un nuevo espacio metafórico con su propia lógica y leyes operativas: «Si alguno está en Cristo, nueva criatura es» (2 Cor. 5:17).

El cuerpo humano mismo se entiende como un contenedor espiritual: los creyentes son «templo del Espíritu Santo» (1 Cor. 6:19), el «tesoro» espiritual se guarda en «vasos de barro» (2 Cor. 4:7) y el corazón funciona como un repositorio que puede estar «lleno» del Espíritu (Ef. 5:18) o de maldad (Hech. 5:3). La Iglesia como colectivo también es un contenedor: un edificio espiritual con Cristo como piedra angular (Ef. 2:20-22), un cuerpo con diversos miembros (1 Cor. 12:12-27), un rebaño con un pastor (Juan 10:16).

Las fronteras de estos contenedores son establecidas no por marcadores físicos sino por la fe, la obediencia y la participación en la nueva vida en Cristo. El bautismo se presenta visualmente como el movimiento a través de un límite, y representa la entrada en la comunidad de fe. La excomunión se describe en términos espaciales: «Expulsad de entre vosotros al malvado» (1 Cor. 5:13).

En Apocalipsis, la narrativa bíblica concluye con un contenedor: la Nueva Jerusalén, una ciudad con muros, puertas y dimensiones específicas, que desciende para convertirse en la morada eterna de Dios con Su pueblo (Apoc. 21:3). Esta imagen reconfigura el espacio sagrado como un contenedor que incluye a «una gran multitud, que nadie podía contar, de todas las naciones, tribus, pueblos y lenguas» (Apoc. 7:9). Sin embargo, es crucial notar que este contenedor final mantiene una clara distinción entre interior y exterior: «Pero los cobardes, incrédulos, abominables, asesinos, inmorales, hechiceros, idólatras y todos los mentirosos tendrán su herencia en el lago que arde con fuego y azufre» (Apoc. 21:8). La advertencia «Afuera están los perros...» (Apoc. 22:15) reafirma la lógica del contenedor.

Así, la narrativa bíblica comienza en un jardín-contenedor (Edén) y culmina en una ciudad-contenedor (Nueva Jerusalén), ambos espacios definidos por límites sagrados que determinan quién puede entrar y permanecer. Este marco espacial provee una coherencia metafórica a toda la historia de la redención.

No podríamos terminar esta sesión sin diferenciar entre contenedores estáticos y contenedores dinámicos. Cuando los autores bíblicos hablan de la identidad del creyente, usan un esquema estático donde los creyentes están «en Cristo» (Col. 1:13-14; 2 Cor. 5:17, énfasis añadido, aquí y en el resto de menciones de «en»). Esta formulación enfatiza seguridad, pertenencia y una nueva identidad definida. El «estar en Cristo» significa que el perdón, la redención y nuestra seguridad son inamovibles.

Sin embargo, cuando la Escritura aborda la misión y el testimonio cristiano hacia el mundo, hay un giro inesperado, el esquema del contenedor se invierte: Cristo está «en nosotros» (Col. 1:27), la luz brilla «en nuestros corazones» (2 Cor. 4:6-7) y somos portadores del tesoro divino como «vasos de barro». Este esquema de contenedor dinámico enfatiza portabilidad, permeabilidad y accesibilidad. Ya no se trata de establecer límites para excluir, sino de ser contenedores que llevan a Cristo al mundo.

Esta doble operación del esquema de contenedor se aprecia claramente en Colosenses 1:28-29 (RVR1960) donde Pablo escribe: «A [Cristo] anunciamos [...] a fin de presentar perfecto en Cristo a todo hombre [...] para lo cual también trabajo, luchando según la potencia de él, la cual actúa poderosamente en mí». Aquí convergen ambas direcciones: los creyentes están «en Cristo» (identidad) y Cristo actúa «en» Pablo (misión).

Historias metafóricas y metáforas extendidas. Además de las metáforas ilustrativas y espaciales, la Biblia también contiene metáforas que cubren un mayor terreno en el discurso.

Las historias metafóricas son discursos en los que diversas metáforas se integran para crear una representación narrativa coherente, sin que ninguna metáfora individual domine.[38] Por ejemplo, en Efesios 2:19-22, Pablo describe la inclusión de los gentiles usando metáforas de ciudadanía, familia y templo, todas entrelazadas en una narrativa de acercamiento a Dios. Cada una contribuye a la imagen general, pero ninguna por sí sola cuenta toda la historia.

Por otro lado, una metáfora es extendida cuando «varias [escenas] metafóricas que hacen referencia al mismo tema aparecen en estrecha proximidad [en el texto]».[39] En Efesios 1:3-14, la metáfora central es la adopción. Pablo la extiende con referencias a la elección, la predestinación, la redención, la herencia y el acceso al Padre, todas asociadas con la adopción romana en el mundo antiguo.

Para identificar y desarrollar una metáfora extendida es necesario hacer dos cosas: (1) analizar todas las escenas presentes, ya que esa es la única manera de ver qué tipo de relación existe entre ellas; (2) observar si hay una escena unificadora que conecte todas las demás escenas.

En Efesios 1, por ejemplo, el texto dice que el Padre «nos escogió en Él antes de la fundación del mundo» (v. 4), pero la pregunta es «¿para qué?». Cuando menciona que a los creyentes los «predestinó para adopción como hijos» (v. 5), la predestinación se basa en la elección con un sentido de destino predeterminado, pero el vínculo lógico sigue sin estar claro. La adopción apunta a unirse a una nueva familia, ¿cómo se relaciona esto con ser elegido y predestinado? La cadena de metáforas continúa cuando los creyentes reciben «redención mediante su sangre» (v. 7), lo que implica emancipación y liberación, pero ¿liberación para qué? Cuando se dice que los creyentes obtienen una «herencia» (v. 11), la herencia depende en gran medida del estatus familiar, por lo que es difícil captar el puente conceptual entre la herencia y la imagen anterior de redención. Finalmente, los creyentes tienen «entrada al Padre en un mismo Espíritu» (Ef. 2:18), lo que connota privilegio y honor, pero los motivos de este repentino acceso no se explican.

La clave para desentrañar esta metáfora extendida es notar que todas estas imágenes están unidas por la metáfora central de la adopción. La elección y la predestinación son para la adopción; la redención libera a los creyentes de su antigua esclavitud para que puedan ser adoptados; la herencia es un beneficio de la adopción; y el acceso al Padre es el privilegio de los hijos adoptivos. Al investigar cómo cada metáfora se relaciona con la adopción, podemos apreciar la riqueza y coherencia de la visión de Pablo. Es decir, que el texto adquiere su significado interpretando cada una de sus escenas no como metáforas independientes, sino a través de la asociación de la escena de la adopción en el primer siglo. A propósito, debemos tener en cuenta que una parábola puede ser tratada como una metáfora extendida (pero de eso hablaremos más adelante).[40]

Es importante observar el tipo de metáfora que se está utilizando y evaluar cómo se desarrolla en el contexto. Esto permitirá determinar la profundidad necesaria para explorar la lógica que conecta la escena *Origen* con la escena *Destino*, junto con sus implicaciones.

Desarrollo de metáforas a través de la intertextualidad

Un aspecto fascinante de las metáforas bíblicas es cómo se desarrollan y transforman a través de diferentes libros y autores. Este fenómeno, conocido como intertextualidad, añade capas de significado y matices a las metáforas. Este proceso es como seguir una veta a través de múltiples cámaras y pasajes conectados, donde cada nuevo contexto añade mayor profundidad. «Las metáforas bíblicas a menudo se reciclan en discursos posteriores, asignando nuevos valores a versiones posteriores».[41] Veamos algunos ejemplos:

Cuando Pedro llama a la Iglesia «linaje escogido, real sacerdocio, nación santa» (1 Ped. 2:9), está evocando la historia del Éxodo y el pacto del Sinaí. Esta metáfora sitúa la identidad y la misión de la Iglesia dentro del gran drama de la redención de Dios.

La escena *Origen* «Cordero» se desarrolla a lo largo de las Escrituras. En el Pentateuco, el cordero es el animal sacrificial por excelencia (Levítico 4:32). En Isaías, el Siervo Sufriente es comparado con un «cordero que es llevado al matadero» (Isa. 53:7). En el Evangelio de Juan, Jesús es «el Cordero de Dios que quita el pecado del mundo» (Juan 1:29). Y en Apocalipsis, el Cordero es adorado y exaltado (Apoc. 5:12-13). Cada uso añade una nueva dimensión: sacrificio, sufrimiento vicario, victoria y adoración.

Otro ejemplo es la escena *Origen* «Parto». En el Antiguo Testamento, se habla de Dios dando a luz a Israel (Deut. 32:18). En el Nuevo Testamento, Jesús le dice a Nicodemo que debe «nacer de nuevo» (Juan 3:3), indicando un nuevo nacimiento espiritual. Y Pablo habla de estar en «dolores de parto» hasta que Cristo sea formado en sus convertidos (Gál. 4:19). Conocer este desarrollo puede enriquecer nuestra predicación sobre Gálatas 4. Podemos mostrar que la escena *Origen* «Parto» se usa frecuentemente para entender la obra transformadora de Dios, y que nuestro trabajo en el ministerio es participar en esta obra que Dios ya ha iniciado. Así como Dios dio a luz a Israel, y el Espíritu nos hace nacer de nuevo, nosotros también experimentamos dolores de parto al ver a Cristo formado en otros.

Metáforas en el desarrollo del discurso

Una dimensión crucial, pero frecuentemente desatendida del análisis metafórico es la relación entre la metáfora y la estructura más amplia del discurso en que aparece. Para interpretar de forma adecuada una metáfora, debemos explorar cómo está integrada en la estrategia comunicativa general del autor y cómo avanza su propósito teológico. Para esto, sugiero considerar las siguientes preguntas:

1. ¿Qué relación tiene la metáfora con el contexto inmediato que la precede?

En ocasiones, la metáfora surge como respuesta a una tensión o un problema planteado previamente en el texto. Por ejemplo, en Juan 15, la escena de la vid y los pámpanos no aparece de manera aislada, sino en el contexto del discurso de despedida que comienza en Juan 13. El anuncio de la traición de Judas y su salida a la oscuridad en el capítulo 13 establece una tensión dramática que resalta la urgencia del llamado a «permanecer» en la vid. La disyuntiva entre lealtad y traición que marca la última cena encuentra su expresión visual en el contraste entre los sarmientos que permanecen unidos y los que son cortados y lanzados al fuego.

2. ¿Cómo se desarrolla progresivamente el tema expresado en la metáfora?

A menudo, las metáforas representan el clímax o la cristalización de un tema que ha venido desarrollándose gradualmente. En Juan 13-15, observamos cómo se desarrolla el tema de la unión con Cristo: desde el acto íntimo del lavamiento de pies en Juan 13, pasando por la promesa del Espíritu, a través de quien continua la presencia de Jesús en Juan 14, hasta culminar en la metáfora de la unión orgánica y vital con la vid en Juan 15. De manera similar, la estructura del amor y la obediencia se desarrolla progresivamente: del nuevo mandamiento del amor (Juan 13:34) a la conexión entre amor y obediencia (Juan 14:15), hasta la articulación plena del llamado a permanecer en el amor mediante la obediencia (Juan 15:9-10).

3. ¿Qué pregunta o problema aborda la metáfora en el flujo del discurso?

Cada metáfora responde a una inquietud particular que surge en el contexto narrativo. En el caso del discurso de despedida, la escena de la vid aborda cuestiones urgentes: ¿Cómo continuará la obra de Cristo después de Su partida? ¿Cómo seguirán los discípulos unidos a Él tras Su muerte y ascensión? La metáfora proporciona la respuesta: a través de una unión vital con Él, sostenida por una obediencia que produce el carácter cristiano del amor (Juan 15), mediante la acción del Espíritu (Juan 14).

4. ¿Cómo prepara la metáfora para lo que sigue en el discurso?

Las metáforas no solo sintetizan lo previamente expuesto, sino que también constituyen el fundamento conceptual de las enseñanzas posteriores. Una vez establecida la conexión esencial entre el discípulo y Jesús (permanecer en la vid), se entiende por qué el mundo odiará a los discípulos (al compartir la identidad de la vid). También se clarifica cómo el Espíritu asegurará la continuidad de la conexión entre Jesús y los discípulos tras Su partida física, y cómo la oración juega un papel fundamental en este vínculo.

5. ¿Cómo contribuye la metáfora al propósito general del libro?

Finalmente, es necesario considerar cómo la metáfora hace avanzar el propósito global del autor. En el caso del Evangelio de Juan, cuyo propósito explícito es que los lectores «[crean] que Jesús es el Cristo, el Hijo de Dios; y para que al creer, [tengan] vida en su nombre» (Juan 20:31), la metáfora materializa la naturaleza de la fe misma: creer no es simplemente un acto momentáneo de asentimiento, sino un «permanecer» continuo en Cristo, una dependencia vital y constante de Él. La declaración «separados de mí nada podéis hacer» encarna el propósito mismo del evangelio: la verdadera vida, manifestada en fruto auténtico, que fluye únicamente de la fe como unión permanente con Cristo.

Para el predicador, este enfoque permite mostrar no solo lo que la metáfora significa, sino por qué es precisamente esta metáfora, en este momento específico del texto, la que mejor comunica la verdad teológica que el autor busca comunicar.

Como ejemplo final, en el capítulo anterior analizamos el caso desafortunado de la metáfora «Sexo es Salvación». Antes de leer Efesios 5:22-33, deberíamos considerar el contexto discursivo y las escenas que se activaron antes de llegar al capítulo 5. Efesios muestra cómo Dios está uniendo todas las cosas del cielo y la tierra en Cristo (Ef. 1:9-10). Dios ha puesto todas las cosas bajo los pies de Cristo (es decir, en una posición de sumisión) y lo ha nombrado cabeza de la Iglesia, sobre todas las cosas (1:22). Nótese que la Iglesia no está bajo Sus pies. La

Iglesia, como cuerpo de Cristo, está integrada en «la plenitud de aquel que lo llena todo en todo», una imagen de unidad que no permite separación (Ef. 1:23).

En el capítulo 2, Pablo continúa enseñando que judíos y gentiles están unidos en Cristo para formar la Iglesia y expande este misterio revelado de la unidad en Cristo de judíos y gentiles en el capítulo 3. El capítulo 4 explica cómo mantener «la unidad del Espíritu» (4:3), la cual es la base para crecer como un cuerpo maduro cuya cabeza es Cristo (Ef. 4:15). Luego, el capítulo 4 y la primera parte del capítulo 5 establecen las formas en que los cristianos deberían y no deberían comportarse como un cuerpo unificado y maduro. Así que, a lo largo de la carta, hemos estado accediendo al cuerpo (escena *Origen*) para hablar particularmente de la unidad (escena *Destino*) durante los primeros cinco capítulos. Al realizar este proceso, evitaremos ir más allá de los límites de las metáforas.

Estas conexiones intertextuales no solo enriquecen nuestra comprensión, sino que también corroboran nuestras interpretaciones. Cuando vemos que una metáfora se desarrolla con coherencia a lo largo de las Escrituras (o en el mismo libro), podemos estar seguros de que nos encontramos en el camino correcto.

El impacto del evento cristológico en las metáforas bíblicas

Este es el descubrimiento transformacional que reconfigura todo el panorama metafórico, como el hallazgo de un nuevo y vasto depósito que revoluciona una operación minera. El evento de Cristo —Su vida, muerte, resurrección y exaltación— es el punto de inflexión decisivo en la historia bíblica. No es de extrañar, entonces, que este evento tenga un impacto profundo en cómo se entienden y se usan las metáforas bíblicas.

En primer lugar, hay una reinterpretación de las metáforas del Antiguo Testamento debida al cambio en el contexto histórico y cultural que trae el Nuevo Testamento. A esto se suma que los escritores del Nuevo Testamento consistentemente consideran que las imágenes y figuras del Antiguo Testamento están cumplidas y transformadas en Cristo. El templo, el cordero pascual, el maná, la roca, todos estos elementos se convierten en metáforas que encuentran su significado pleno en Jesús. Por ejemplo, la escena *Origen* del Antiguo Testamento «Agua Viva» cambia, no a la luz del cambio social y cultural, sino porque Cristo es el centro de estas metáforas.[42]

En segundo lugar, Jesús mismo se convierte en el intérprete definitivo de las metáforas del Antiguo Testamento. Jesús explica cómo Moisés y Elías apuntaban a Él (Luc. 9:30-31), cómo el templo prefiguraba Su cuerpo (Juan 2:21), cómo la serpiente de bronce levantada por Moisés anticipaba Su crucifixión (Juan 3:14). A través de Sus palabras y acciones, Jesús reorienta todas las imágenes bíblicas en torno a Sí mismo.

Finalmente, el evento de Cristo da lugar a nuevas metáforas que expresan las realidades del nuevo pacto. Jesús es la vid verdadera (Juan 15), el pan de vida (Juan 6), la luz del mundo (Juan 8). Los creyentes son descritos como miembros del cuerpo de Cristo (1 Cor. 12), ciudadanos del cielo (Fil. 3:20), piedras vivas en un templo espiritual (1 Ped. 2:5). Estas metáforas, arraigadas en la obra de Cristo, dan forma a la comprensión de la Iglesia.

Reflexiones finales

En última instancia, una herramienta esencial para el predicador es conocer el contexto y los tipos de metáforas. Nos permite no solo interpretar los textos bíblicos con mayor precisión, sino también comunicar sus verdades con mayor impacto. Por lo tanto, te animo, mientras te preparas para predicar, a prestar atención a las metáforas. Observa cómo los autores bíblicos usan metáforas ilustrativas para aclarar conceptos abstractos, metáforas espaciales para estructurar conceptos opuestos, metáforas ontológicas para hacer tangibles las experiencias espirituales, y cómo estas metáforas se desarrollan a través de la intertextualidad bíblica. Sobre todo, observa cómo todas estas metáforas encuentran su cumplimiento y transformación en Cristo.

Al hacerlo, descubrirás que las metáforas son esenciales; son ventanas a la verdad divina; son puentes a la experiencia humana; y son herramientas para la transformación.

EJERCICIOS

Escoge alguno de los siguientes ejercicios para que lo desarrolles en tu tiempo de estudio (o mejor aún, con otros).

Ejercicio 1: Metáforas ilustrativas

Texto: Romanos 5:1-2 (leer el pasaje)

Preguntas:

1. ¿Qué concepto teológico abstracto se presenta en este pasaje?
2. ¿Puedes identificar al menos una metáfora ilustrativa que Pablo usa para aclarar este concepto?
3. ¿Qué aspectos del concepto abstracto se enfatizan a través de esta metáfora?
4. ¿Cómo podrías desarrollar esta metáfora en un sermón para ayudar a tu congregación a entender más profundamente este concepto teológico?

Ejercicio 2: Metáforas espaciales

Texto: Efesios 2:11-22 (leer el pasaje)

Preguntas:

1. ¿Qué metáforas espaciales puedes identificar en este pasaje?
2. ¿Cómo contribuyen estas metáforas espaciales al mensaje central de Pablo sobre la unidad de judíos y gentiles en Cristo?

3. ¿Qué implicaciones tienen estas metáforas espaciales para nuestra comprensión de la Iglesia?
4. ¿Cómo podrías usar estas metáforas espaciales en un sermón para enfatizar el mensaje de unidad y reconciliación en Cristo?

Ejercicio 3: Metáforas extendidas

Texto: Juan 15:1-11 (leer el pasaje)

Preguntas:

1. ¿Cuál es la metáfora extendida principal en este pasaje?
2. ¿Cómo desarrolla Jesús esta metáfora a lo largo del pasaje? ¿Qué diferentes aspectos de la relación entre la vid y los sarmientos explora?
3. ¿Qué efecto tiene esta metáfora extendida en enfatizar el mensaje de Jesús sobre permanecer en él?
4. ¿Cómo podrías desarrollar un sermón alrededor de esta metáfora extendida de una manera que capte su riqueza?

Ejercicio 4: Metáforas reinterpretadas a la luz de Cristo

Texto: Juan 1:29 (leer el pasaje)

Preguntas:

1. ¿Qué metáfora del Antiguo Testamento se aplica a Jesús en este versículo?
2. ¿Cuál era el significado y la función original de esta metáfora en el Antiguo Testamento?
3. ¿Cómo da Juan a esta metáfora un nuevo significado al aplicarla a Jesús?

4. ¿Cómo podrías predicar sobre Jesús como el «Cordero de Dios» de una manera que aproveche el trasfondo del Antiguo Testamento de esta metáfora?

Ejercicio 5: Metáforas desarrolladas a través de la intertextualidad

Texto: Efesios 5:25-32 (leer el pasaje)

Preguntas:

1. ¿Qué metáfora usa Pablo aquí para describir la relación entre Cristo y la Iglesia?
2. ¿Dónde se origina esta metáfora en el Antiguo Testamento? ¿Cómo se usa allí?
3. ¿Cómo desarrolla Pablo esta metáfora del Antiguo Testamento? ¿Qué nuevos aspectos enfatiza?
4. ¿Cómo podrías trazar el desarrollo de esta metáfora a lo largo de la Biblia en un sermón, y qué implicaciones tiene para nuestra comprensión de la Iglesia y de su relación con Cristo?

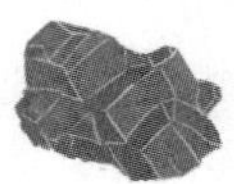

Herramienta 4: Las parábolas, profundizar en las metáforas extendidas

A menudo se habla de las parábolas como metáforas extendidas, pero esta referencia merece un análisis más cuidadoso. En un sentido, las parábolas funcionan como metáforas en tanto que usan la lógica situacional de una escena para iluminar otra; es decir, utilizan historias concretas para ayudarnos a entender mejor diferentes dinámicas de la llegada del reino. Pero, en otro sentido, las parábolas tienen características y estructuras literarias distintivas que las hacen únicas.

Al igual que una metáfora, una parábola no puede simplemente parafrasearse sin perder su poder transformador. La historia misma, con sus detalles y giros narrativos, es esencial para su significado y efecto. Como toda metáfora, una parábola tiene una escena *Origen* (la historia narrada) y una escena *Destino* (la verdad espiritual que estructura e ilumina). Por ejemplo, en la parábola del hijo pródigo (Luc. 15:11-32):

Escena *Origen*:

- Un hijo que abandona su hogar.

- Malgasta su herencia.
- Experimenta pobreza y humillación.
- Regresa arrepentido.
- Es recibido con celebración por su padre.

Escena *Destino*:

- El alejamiento espiritual.
- El mal uso de la vida y los recursos dados por Dios.
- Las consecuencias del pecado.
- El arrepentimiento.
- La gracia y el perdón divinos.

Sin embargo, las parábolas tienen una estructura narrativa específica que las distingue de las metáforas extendidas. Podríamos definir una parábola como «una historia corta de ficción, narrada en tiempo pasado, sobre personajes anónimos, que usa la lógica situacional de una escena familiar para revelar verdades sobre el reino de Dios, a menudo culminando con una moraleja o punto explícito».[43] Ahora, si pensamos detenidamente en esta definición, notamos que estamos describiendo la fábula. Según el Diccionario de la RAE, una fábula es un «breve relato ficticio, en prosa o verso, con intención didáctica o crítica frecuentemente manifestada en una moraleja final, y en el que pueden intervenir personas, animales y otros seres animados o inanimados».[44]

Así que no es cierto que una fábula se limite a relatos en los que encontramos animales o árboles hablando. Toda fábula o parábola contiene tres elementos estructurales básicos:

1. La situación inicial (la donnée): establece el escenario y presenta los personajes.
2. El momento de decisión (l'action de choix): el punto de giro donde los personajes toman decisiones cruciales.

3. La conclusión (*réplique finale*): el desenlace que revela las consecuencias de estas decisiones.[45]

Consideremos la parábola del rico insensato (Luc. 12:16-21):

- Situación inicial: «La tierra de cierto hombre rico había producido mucho».
- Momento de decisión: «Derribaré mis graneros y edificaré otros más grandes».
- Conclusión: «¡Necio! Esta misma noche te reclaman el alma».

Veamos el siguiente cuadro, en el que se muestran las tres características del género en una fábula del Antiguo Testamento y en una parábola en el Nuevo Testamento:

Estructura Narrativa	**Fábula de los árboles (Jue. 9:8-15)**	**Hijo pródigo (Luc. 15:11-32)**
Situación inicial	Los árboles deciden buscar un rey.	Un padre tiene dos hijos, el menor pide su herencia.
Momento de decisión	La zarza acepta ser rey después del rechazo de los árboles nobles.	El hijo decide regresar a casa después de perderlo todo.
Conclusión	La zarza advierte: «si no, salga fuego de la zarza y consuma los cedros del Líbano».	El padre restaura al hijo a su posición, celebra su retorno, confronta la resistencia del hermano mayor.

La naturaleza de la moraleja en las fábulas de Jesús es más compleja de lo que tradicionalmente se ha reconocido. Según Justin David Strong, podemos identificar tres tipos distintos de moralejas. El primer tipo es la moraleja complementaria, donde diferentes lecciones trabajan juntas para reforzar un mismo mensaje. Por ejemplo, en la fábula del fariseo y el publicano, una moraleja advierte contra el orgullo y el desprecio a otros, mientras que la otra elogia la humildad; ambas se complementan para transmitir una enseñanza más completa sobre la verdadera justicia ante Dios.

El segundo tipo es la moraleja contradictoria, que presenta una tensión. Esto se ve claramente en la fábula del juez injusto y la viuda, donde una moraleja enfatiza la oración persistente, mientras que otra cuestiona si habrá fe cuando vuelva el Hijo del Hombre; esta tensión profundiza nuestra comprensión de la fe y la perseverancia.

El tercer tipo es la moraleja independiente, donde una misma fábula genera diferentes lecciones que pueden funcionar de manera autónoma. El ejemplo más claro es el mayordomo astuto, que produce enseñanzas independientes sobre la astucia, el uso sabio del dinero, la fidelidad y el servicio exclusivo a Dios. Cada una de estas lecciones puede existir y aplicarse por sí sola, sin necesidad de referencia a las otras.[46]

Lo que hace que una parábola sea particular es su capacidad para generar un giro o *twist* inesperado. Este giro rompe con la lógica normal de la vida cotidiana y suele ser donde se revela la verdad central sobre el reino. Por ejemplo, en la parábola del banquete de bodas (Mat. 22:1-14), la decisión de invitar a extraños de la calle a una boda real habría sido culturalmente impactante para la audiencia original.

Las parábolas operan en un delicado balance entre lo familiar y lo sorprendente. Comienzan con elementos reconocibles de la vida diaria para establecer conexión con los oyentes, pero luego introducen elementos inesperados que desafían las suposiciones convencionales. Es en esta tensión entre lo conocido y lo sorprendente donde las parábolas ejercen su efecto transformador.

Para interpretar y predicar de forma eficaz las parábolas, necesitamos considerar varios principios clave:

1. La centralidad del reino. Las parábolas no son simplemente lecciones morales; son ventanas al reino de Dios. Cada parábola revela algo sobre la naturaleza del reino, sus valores, su operación o sus demandas. Cuando Jesús dice: «El reino de los cielos es semejante a...» está invitando a sus oyentes a ver la realidad desde una perspectiva radicalmente nueva. Al interpretar parábolas, debemos evitar una interpretación alegórica. Cada parábola nos lleva a un encuentro con el reino de Dios, y lo que hacen es devolvernos al mundo ordinario con una cosmovisión diferente.
2. El principio de revelación y ocultamiento. Las parábolas tienen la peculiar capacidad de simultáneamente revelar y ocultar verdades espirituales. Como Jesús explicó a Sus discípulos: «Porque a vosotros se os ha concedido conocer los misterios del reino de los cielos, pero a ellos no se les ha concedido» (Mat. 13:11). Las parábolas requieren un corazón receptivo y oídos espirituales para escuchar.
3. La dimensión escatológica. Dado que las parábolas tratan sobre el reino, sus implicaciones trascienden lo meramente terrenal. Muchas parábolas tienen una aplicación presente, pero apuntan hacia una realidad futura, manteniendo la tensión entre el «ya» y el «todavía no» del reino.
4. El contexto literario. Cada parábola está situada dentro de una narración más amplia que informa su significado. Por ejemplo, las tres parábolas de Lucas 15 (la oveja perdida, la moneda perdida y el hijo pródigo) se narran en respuesta a una situación específica: los fariseos criticando a Jesús por recibir a pecadores.

Adicionalmente, un aspecto con frecuencia pasado por alto es que las parábolas funcionan como herramientas para la formación del carácter y la virtud. Es decir, Jesús contó parábolas con el fin de «recordar, provocar, refinar, confrontar, perturbar», siendo el fin último el desarrollo del carácter cristiano o las disciplinas espirituales que lo fomentan.[47]

No son solo historias que transmiten información; buscan transformar a los oyentes. Esta transformación se produce sobre todo a través de la identificación y el contraste. Las parábolas a menudo nos llevan a identificarnos inicialmente con un personaje, solo para revelar que en realidad nos parecemos más a otro. Por ejemplo, en la parábola del fariseo y el publicano (Luc. 18:9-14), los oyentes que se identifican con el fariseo que oraba «bien» son confrontados con su propio orgullo espiritual.

Además de transformarnos a través de la identificación y el contraste, las parábolas de Jesús utilizan marcos espaciales para reconfigurar nuestra comprensión. Estos marcos pueden dividirse en dos categorías principales: horizontales (dentro/fuera) y verticales (arriba/abajo):

Marcos horizontales (dentro/fuera)

Jesús frecuentemente utiliza la dicotomía: Dentro/fuera en Sus parábolas, pero estas suelen referirse específicamente al Juicio Final. Por ejemplo:

- La parábola de las diez vírgenes (Mat. 25:1-13): cinco quedan *fuera* de la fiesta de bodas, mientras que cinco están *dentro*.
- La parábola del trigo y la cizaña (Mat. 13:24-30): al final, la cizaña es *recogida para quemarla* y el trigo es *recogido en el granero*.
- La parábola de la red (Mat. 13:47-50): los peces buenos son *recogidos* mientras los malos son *echados fuera*.
- La parábola de las ovejas y los cabritos (Mat. 25:31-46): división final entre los que están a la *derecha* y a la *izquierda*.

Marcos verticales (arriba/abajo)

Además del esquema dentro/fuera, también encontramos metáforas verticales que estructuran muchas parábolas:

1. Exaltación/Humillación:
   - La parábola del fariseo y el publicano (Luc. 18:9-14): «todo el que se ensalza será humillado, pero el que se humilla será ensalzado».
   - La parábola de los invitados a la boda (Luc. 14:7-11): tomar el último lugar para ser elevado.
2. Crecimiento vertical:
   - La parábola del grano de mostaza (Mat. 13:31-32): crece de ser la más pequeña a convertirse en un árbol donde anidan las aves.
   - La parábola de la levadura (Mat. 13:33): el crecimiento de la masa.
3. Caída/Descenso:
   - La parábola del hijo pródigo (Luc. 15): el hijo *cae* a su posición más baja antes de volver a *subir* a la casa del padre.
   - La parábola del rico y Lázaro (Luc. 16:19-31): el rico termina *abajo* en el tormento, mientras que Lázaro está *arriba* en el seno de Abraham.

Importancia hermenéutica

1. Evitar distorsiones interpretativas: importar inapropiadamente esquemas espaciales de un contexto a otro puede llevar a malentendidos significativos.
2. Recuperar la tensión evangélica: Jesús utiliza estas metáforas espaciales de formas que a menudo subvierten las expectativas. Por ejemplo, en la parábola del banquete (Luc. 14:15-24), los que normalmente estarían *fuera* (pobres, lisiados, ciegos) son traídos *dentro*.
3. Reconocer la inversión del reino: muchas parábolas operan bajo el principio de inversión vertical: «los últimos serán primeros, y los

primeros, últimos» (Mat. 20:16). Esta inversión desafía los esquemas espaciales convencionales.

Para la interpretación contemporánea de parábolas, esto sugiere que debemos ser conscientes de cómo los marcos espaciales (tanto horizontales [dentro/fuera] como verticales [arriba/abajo] operan en el texto, pero también de cómo Jesús frecuentemente redefine estos esquemas para comunicar la naturaleza transformadora del reino.

A diferencia de un texto didáctico que podemos analizar punto por punto, una parábola requiere un acercamiento que preserve su poder narrativo y transformador.

Cuando predicamos una parábola, debemos:

1. Respetar su integridad narrativa:
   - No fragmentar la historia en puntos desconectados.
   - Mantener la tensión dramática.
   - Permitir que el «giro» tenga su impacto pleno.
   - Preservar la conexión entre la escena *Origen* y la escena *Destino.*
2. Considerar múltiples puntos de entrada.

   Una parábola puede predicarse enfocándose en:
   - La virtud específica que busca formar.
   - El contraste que presenta.
   - La naturaleza del reino que revela.
   - El proceso de transformación que modela.
3. Mantener la tensión apropiada.

   Las parábolas operan manteniendo varios elementos en tensión:
   - Entre la gracia y la responsabilidad humana.
   - Entre la comprensión intelectual y la transformación del corazón.
   - Entre el «ya» y el «todavía no» del reino.

Es importante notar que toda esta información sobre la estructura, características e interpretación de las parábolas no constituye el sermón en sí mismo, sino los recursos necesarios para prepararlo. El desafío es usar estos elementos dentro de los moldes homiléticos que veremos en la Parte II, para crear un sermón que replique el impacto transformador de la parábola en la audiencia de nuestro sermón. Es muy fácil que el sermón termine siendo una clase sobre el contexto histórico-cultural de la parábola, lo cual tendría carácter informativo, pero no se ajustaría a los propósitos para los cuales Jesús la predicó: desafiar suposiciones, transformar perspectivas y formar el carácter.

Las parábolas de Jesús no eran conferencias académicas, sino historias diseñadas para ir más allá de argumentos, para exponer motivaciones ocultas y provocar una respuesta. Nuestros sermones sobre parábolas deben buscar el mismo efecto. Por eso, en la Parte II exploraremos cómo usar los moldes homiléticos para estructurar sermones que no solo expliquen las parábolas, sino que también permitan que lleven a cabo su labor transformadora en nuestros oyentes.

Conclusión Parte I

En esta primera parte de nuestro libro nos hemos embarcado en la fase de exploración de nuestra expedición minera metafórica. Hemos estudiado el terreno de la teoría de la metáfora, aprendiendo a reconocer y analizar su importancia para entender el significado del texto bíblico.

Hemos visto que las metáforas no son meros adornos, sino herramientas cognitivas que dan forma a nuestra percepción, estructuran nuestro pensamiento y evocan nuestras emociones. Son ventanas a la verdad divina y puentes a la experiencia humana.

A través de nuestro estudio sobre los diferentes tipos de metáforas (ilustrativas, espaciales y extendidas), hemos desarrollado un ojo para notar los patrones y las relaciones que estas figuras crean. Hemos trazado la transferencia de la lógica situacional de una escena *Origen* a una escena *Destino*, y hemos explorado el paisaje conceptual único de la parábola. Los conceptos que hemos estudiado hasta aquí nos han preparado para la tarea de extraer estos tesoros y moldearlos en sermones que brillen para la gloria de Dios. Con este mapa en mano y en dependencia del Espíritu Santo, estamos listos para la aventura de proclamar las inescrutables riquezas de Cristo.

PARTE II:

Predicación

En la Parte I de este libro nos embarcamos en la fase de exploración de nuestra expedición minera metafórica. Estudiamos el terreno de la teoría de la metáfora, aprendiendo a reconocer y analizar estos ricos filones de significado en el texto bíblico. Ahora, en la Parte II, pasamos a la fase de extracción y refinamiento. Aquí es donde tomamos nuestro conocimiento de las metáforas bíblicas y lo aplicamos a la tarea práctica de la predicación. Si la Parte I se centró en localizar los depósitos metafóricos, la Parte II trata sobre la extracción cuidadosa de estos tesoros y sobre cómo forjar sermones que brillen con el esplendor de la verdad bíblica.

Al igual que un orfebre debe dominar el arte de dar forma a los metales preciosos en hermosas joyas, nosotros también podemos dominar las habilidades de elaborar metáforas en sermones impactantes y transformadores.

Técnica 1: Estructuras de sermones, diseñar el ornamento

Si nuestras percepciones metafóricas son como gemas preciosas extraídas de la mina de la Escritura, entonces nuestros sermones son como los ornamentos y ajustes que exhiben estas gemas en todo su esplendor. Así como el orfebre cuidadosamente selecciona el diseño que mejor complementa y realza la belleza única de cada piedra, nosotros también debemos elegir estructuras de sermones que presenten y amplifiquen la eficacia de las metáforas bíblicas.

Para reconstruir el impacto que la metáfora tuvo para la primera audiencia, aparte de saber cómo interpretarla, **necesitamos algunos moldes homiléticos que nos permitan replicar el impacto** para la audiencia de hoy. Es aquí donde la teoría de la metáfora se vuelve práctica, sugiriendo cuatro movimientos homiléticos básicos que podemos emplear para desarrollar sermones metafóricos:[48]

1. **Evocar la escena *Origen*:** en este primer movimiento, el predicador busca evocar experiencias, conocimientos culturales y nueva información que ayuden a establecer el mundo de la escena *Origen*. El objetivo es establecer las relaciones y expectativas en la escena *Origen* que configuran la lógica situacional que luego se

proyectará a la escena *Destino*.[49] Por ejemplo, al predicar sobre la escena *Origen* con Cristo como el *Cordero de Dios* en Juan 1:29, sería importante evocar el trasfondo del sacrificio de corderos en el Antiguo Testamento, particularmente en la Pascua (Ex. 12). Estos detalles establecen una lógica de sustitución y liberación que es clave para entender el significado de la metáfora.

Para hacer esto es crucial prestar mucha atención al trasfondo cultural y los detalles del texto, ya que esos detalles ayudan a establecer la lógica situacional. Aunque las experiencias comunes pueden facilitar la comunicación, también pueden llevarnos a sacar conclusiones inapropiadas si no prestamos suficiente atención a los detalles específicos que el texto desarrolla.

Al evocar la escena *Origen* es importante tocar los sentidos e involucrar a los oyentes en una variedad de experiencias que los transporten al mundo de la metáfora.[50] Muéstrales lo que ya saben y por qué es relevante, sin distraerte con información innecesaria que no se relacionará con la proyección a la escena *Destino* más adelante. Evita usar jerga metafórica explícita en el sermón, ya que puede interferir con la experiencia de inmersión de los oyentes.

También es crucial permitir que la metáfora particular del texto haga el trabajo que se supone que debe hacer, sin transformarla prematuramente en una metáfora teológica diferente sobre la cual preferirías estar predicando (por ejemplo, hablar de la justificación cuando la escena *Origen* es otra).

Ten presente que la lógica situacional de la escena *Origen* puede provenir del mundo judío del Antiguo Testamento o del mundo grecorromano. En algunos casos, no importa si la lógica situacional es la misma, debido a que son experiencias humanas universales. Si ese es el caso, evita complicar a la audiencia con los debates entre los comentaristas y enfócate en la lógica situacional.

2. **Proyectar a la escena *Destino*:** en este segundo movimiento, el predicador proyecta elementos específicos de la escena *Origen* a la escena *Destino*, ya sea en un patrón de «Todo a Todo» o de

«Parte a Parte». Esto implica aclarar las correspondencias entre «Quién», «Qué», «Para quién» y «Cómo» en ambas escenas.

Todo a Todo	**Parte por Parte**
Evoca el *Origen* A. B. C.	Evoca el *Origen* A
Proyecta al *Destino* A. B. C.	Proyecta al *Destino* A
	Evoca el *Origen* B
	Proyecta al *Destino* B
	Evoca el *Origen* C
	Proyecta al *Destino* C

Cuando, en el contexto, el autor solo desarrolla un aspecto de la metáfora, la proyección es solo de A. Un sermón mucho más elaborado va a llevar a que varios aspectos se proyecten, ya sea como un todo o parte por parte. Es importante que el sermón tenga un sentido de progresión o *crescendo*. Rossow explica los beneficios de cada acercamiento para el sermón.[51]

Todo a Todo	**Parte por Parte**
+Permite profundidad y resaltar matices	+Mantener la atención
+Desarrolla el flujo natural	+Mantener la claridad

-Mantener la atención	-Permite profundidad y resaltar matices
-Mantener el enfoque	-Desarrolla el flujo natural

3. **Explorar la vida a través de un nuevo lente:** aquí el predicador resalta las diferencias entre el antiguo lente metafórico de los oyentes y el nuevo, enfatizando las inferencias que surgen de la lógica situacional de la metáfora. Esto a menudo implica describir la estructura narrativa asumida y resaltar los lugares que son transformados más radicalmente. En ocasiones, aquí se pueden contrastar las presuposiciones particulares a las que saltamos sobre el tema, y cómo la correcta interpretación de la escena nos lleva a entender el verdadero significado.

4. **Observar los límites:** «Cuando tus oyentes podrían naturalmente mapear un aspecto de la escena *Origen* de una manera que hace que aspectos importantes de la escena *Destino* sean incorrectos, es hora de probar los límites».[52] También es crucial señalar cuándo una inferencia es tan fuerte o contradice algo tan central que interrumpe el flujo del desarrollo de la metáfora y muestra los límites de esta. Por ejemplo, al predicar sobre Dios como Padre, sería importante clarificar que Su paternidad es perfecta y amorosa, a diferencia de las experiencias fallidas de paternidad terrenal que algunos oyentes pueden haber tenido.

A continuación, veremos siete guías que nos permitirán implementar en la práctica de la predicación lo que hemos descubierto en la teoría de la predicación.

Guía 1: Los cuatro movimientos metafóricos

Estos cuatro movimientos proporcionan un andamiaje para un sermón metafórico, pero el orden y el énfasis de los movimientos pueden variar según el texto y el contexto.

1. Evoca la escena *Origen* (EO)	**2. Proyecta a la escena *Destino* (PD)**	**3. Explora el tema a través de la metáfora (EM)**	**4. Prueba los límites (PL)**
EO	PD	EO	PD
EO	PD	PL	EO

Ahora bien, estos cuatro movimientos metafóricos no son la única manera de estructurar un sermón. Tal como se afirmó en la introducción, no estamos presentando la teoría de la metáfora como un reemplazo para los enfoques hermenéuticos y homiléticos establecidos, sino como un suplemento y enriquecimiento de ellos.

Sugerimos que la teoría de la metáfora proporciona herramientas adicionales para mejorar estos enfoques de siempre. En lugar de reemplazar un sermón con una idea central con uno basado exclusivamente en metáforas, podemos usar los movimientos metafóricos para desarrollar y aplicar la idea central de maneras más evocadoras. Y en lugar de simplemente parafrasear la metáfora de un pasaje, podemos emplear los movimientos para explorar sus profundidades y sus implicaciones.

Los movimientos metafóricos pueden emplearse con provecho dentro de una variedad de estructuras de sermones diferentes. Veamos brevemente otras guías adicionales:

Guía 2: El modelo narrativo de Lowry

La segunda guía se basa en el trabajo de Eugene Lowry sobre la predicación narrativa. Lowry sugiere que un sermón puede estructurarse como un drama en cinco movimientos que refleja cómo los oyentes experimentan un cambio:[53]

1. **Alterar el equilibrio (tono: tensión, disonancia).** En esta etapa inicial, el predicador busca desestabilizar el *statu quo* de la audiencia. Esto puede lograrse planteando un problema, haciendo una pregunta provocativa o exponiendo una tensión en el texto bíblico o en la experiencia humana. El tono aquí es de incomodidad, reconociendo que algo no está bien y necesita atención. Este movimiento crea un sentido de necesidad y anticipación para lo que vendrá.
2. **Analizar la discrepancia (tono: intriga, complejidad).** El predicador guía a la audiencia a una exploración más profunda del problema o tensión identificada en el primer movimiento. Este es un momento de diagnóstico, donde se consideran las facetas y las implicaciones de la cuestión. El tono es de intriga, a medida que se revelan nuevas perspectivas, pero también de creciente complejidad, a medida que se reconoce que las soluciones simplistas no serán suficientes. Este movimiento genera un deseo de resolución.
3. **Revelar el momento del evangelio (tono: sorpresa, esperanza).** Este es el punto culminante del sermón, donde el predicador presenta el elemento transformador del texto bíblico. A menudo implica un giro sorprendente o una inversión de las expectativas, algo que no se podría haber anticipado desde una perspectiva puramente humana. El tono es de asombro y esperanza, a medida que el evangelio irrumpe en la situación con su poder redentor. Este movimiento ofrece una nueva forma de ver, una respuesta arraigada en la sabiduría y la gracia de Dios.
4. **Experimentar el evangelio (tono: alegría, liberación).** Habiendo presentado la verdad transformadora del evangelio, el predicador ahora guía a la audiencia a considerar sus implicaciones. Este es un

momento de aplicación, de imaginar cómo esta nueva perspectiva podría remodelar nuestras vidas y relaciones. El tono es de gozo y liberación, a medida que se exploran las posibilidades de vivir a la luz de este entendimiento. Este movimiento ayuda a la audiencia a comenzar a apropiarse personalmente de la verdad expuesta.

5. **Anticipar las consecuencias (tono: desafío, anticipación).** En este movimiento final, el predicador proyecta el impacto potencial de vivir según el entendimiento del evangelio. Esto puede involucrar pintar una imagen del futuro, ofrecer un desafío específico o invitar a un compromiso renovado. El tono es de expectativa y motivación, a medida que la audiencia es inspirada a encarnar esta verdad en sus contextos cotidianos. Este movimiento empuja el sermón hacia el mundo, insistiendo en que la transformación no se quede en el santuario, sino que se extienda a todas las esferas de la vida.

El flujo de tonos (de la tensión a la intriga, a la esperanza, al gozo, al desafío) refleja la dinámica de cómo la gracia de Dios encuentra y transforma a las personas en medio de los desafíos de la vida real.

Guía 3: Las «Cuatro páginas» de Wilson

La tercera guía, desarrollada por Paul Scott Wilson, estructura un sermón alrededor de «cuatro páginas» o movimientos que reflejan la dialéctica de ley y evangelio:[54]

1. Problema en el texto: el sermón comienza localizando el problema o conflicto humano abordado en el texto bíblico.
2. Problema en el mundo: luego, el predicador muestra cómo ese mismo problema está presente en la vida y experiencia de los oyentes.
3. Gracia en el texto: el foco luego cambia a la resolución divina o respuesta al problema, como se revela en el texto bíblico.
4. Gracia en el mundo: finalmente, el predicador aplica esa gracia a la situación de los oyentes, ofreciendo esperanza y dirección a la luz del evangelio.

Esta estructura de las «Cuatro páginas» puede enriquecerse con una sensibilidad a las dimensiones metafóricas del texto, particularmente en las páginas de «Gracia» donde el lenguaje metafórico a menudo cobra vida.

Guía 4: Problema-Metáfora-Solución

1. Problema en el texto: el sermón comienza localizando el problema o conflicto humano abordado en el texto bíblico.
2. Problema en el mundo: luego, el predicador muestra cómo ese mismo problema está presente en la vida y experiencia de los oyentes.
3. La metáfora: el sermón luego se sumerge en el entendimiento de la metáfora bíblica clave, empleando los cuatro movimientos metafóricos para explorar su lógica y sus implicaciones.
4. Solución en el texto: el foco luego cambia a cómo la metáfora bíblica apunta a la resolución divina del problema, como se revela en el texto.
5. Solución en el mundo: finalmente, el predicador aplica esa solución metafórica a la situación de los oyentes, mostrando cómo reorienta su perspectiva y transforma su respuesta al problema inicial.

[El orden puede ser: problema en el mundo – problema en el texto – la metáfora – solución en el mundo – solución en el texto].

Guía 5: Metáforas en sermones

Cuando te encuentres con una metáfora en el texto bíblico sobre el cual estás predicando, es importante considerar cuidadosamente cómo utilizarla en tu mensaje. En algunos casos, puede ser apropiado estructurar todo el sermón alrededor de la metáfora, usando los cuatro movimientos metafóricos. En otros casos, una sola metáfora puede servir como un marco para el sermón completo. Sin embargo, a menudo, las metáforas de un texto bíblico están destinadas a iluminar un punto o tema específico dentro del pasaje. En estos casos, es mejor usar la metáfora de manera más enfocada, para desarrollar y aplicar ese punto particular. Aquí tienes algunas pautas para hacerlo eficazmente:

1. Evalúa la extensión y la centralidad de la metáfora en el texto. ¿Es un detalle menor o un elemento clave del argumento del autor? Esto te ayudará a determinar cuánto tiempo dedicarle en tu sermón.
2. Considera el contexto inmediato de la metáfora. ¿Qué punto o puntos está tratando de ilustrar el autor? Tu uso de la metáfora debe alinearse con este propósito.
3. Sé cuidadoso para no sobrecargar la metáfora más allá de su intención original de uso. Si el autor solo usa la metáfora para iluminar un aspecto de su argumento, resiste la tentación de hacer que domine todo el sermón.
4. En casos donde una metáfora se extiende a través de una sección más grande del texto y toca múltiples puntos, puedes hacer un seguimiento de su desarrollo a lo largo de tu sermón, pero asegúrate de que tu uso de la metáfora siga el flujo de pensamiento del autor, en lugar de imponer una estructura ajena al pasaje.
5. Siempre mantén el mensaje central del texto como tu enfoque principal, usando la metáfora como una herramienta para iluminar y aplicar ese mensaje, no para oscurecerlo.

En resumen, el uso efectivo de una metáfora en un sermón requiere observación. Necesitas ser sensible tanto a la intención del autor como a las necesidades de tu audiencia.

Guía 6: Metáfora como estructura del sermón

Una estrategia efectiva para elaborar el bosquejo de un sermón es usar una metáfora para estructurar un sermón completo. En este enfoque, en lugar de simplemente referirse a una metáfora en un punto del sermón, la metáfora se convierte en el marco organizativo para todo el mensaje.

Sugerencias para elaborar el sermón:

1. Identifica una metáfora que concuerde con el texto y el tema del sermón. Podría ser una metáfora explícita en el pasaje o una que refleje el concepto teológico central.
2. Introduce la metáfora al comienzo del sermón, explicando su significado básico. Esta introducción debería captar la atención de la audiencia y prepararla para ver el tema a través del lente de esta metáfora.
3. Estructura los puntos principales del sermón alrededor de diferentes aspectos o implicaciones de la metáfora. Cada punto puede explorar una faceta diferente de cómo la metáfora ilumina nuestra comprensión del tema. Aun en este caso, hay que presentar el texto y exponer la idea central. El fin no es imponer una estructura al pasaje; por el contrario, el fin es que la metáfora nos ayude a desempacar y explicar mejor el texto.
4. Concluye con un desafío a la audiencia a seguir reflexionando sobre cómo la metáfora da forma a su comprensión y respuesta al tema.

El beneficio de este enfoque es que proporciona un sentido de coherencia y unidad al sermón. En lugar de parecer una serie de puntos desconectados, todo el mensaje está unido por una imagen o concepto central. Esto no solo hace que el sermón sea más fácil de recordar, sino que también invita a la audiencia a sumergirse en el mundo de la metáfora. Por supuesto, este enfoque requiere una cuidadosa selección y estudio del texto bíblico.

Guía 7: Predicar parábolas

Desde la perspectiva de la teoría de la metáfora, la lógica situacional basada en las parábolas puede usarse como un lente a través del cual explorar la primera parte de nuestro texto. Para entender las relaciones y diferencias entre las metáforas y las parábolas, primero debemos definir cada una.

Una metáfora es una figura del lenguaje que describe una cosa en términos de otra. Funciona transfiriendo características, asociaciones y lógica de un dominio familiar (*Origen*) a otro menos familiar o más abstracto (*Destino*). Por ejemplo, cuando decimos «el tiempo es dinero», estamos usando nuestra comprensión del dinero (valioso, limitado, para ser gastado sabiamente) para estructurar nuestra comprensión del tiempo.

Por otro lado, una parábola es una historia corta que ilustra una lección moral o religiosa. A menudo involucra elementos de la vida cotidiana (un agricultor sembrando semillas, una mujer horneando pan, un hijo que se va de casa), pero con un significado simbólico más profundo. Las parábolas son más extensas que las metáforas y tienen una estructura narrativa con personajes, trama y escenario.

A pesar de estas diferencias, las metáforas y las parábolas comparten una característica clave: ambas transfieren información y perspectivas de una experiencia a otra. Así como una metáfora nos invita a entender un concepto en términos de otro, una parábola nos invita a ver verdades espirituales a través del lente de una historia terrenal. En ambos casos, la lógica, las relaciones y las implicaciones de un dominio familiar (ya sea una imagen singular para la metáfora o una historia completa para la parábola) se transfieren a un dominio espiritual menos tangible. En este sentido, las parábolas pueden entenderse como metáforas extendidas. Toman la dinámica básica de la metáfora (entender A en términos de B) y la amplían en una narrativa completa. Las parábolas no son meras ilustraciones o ejemplos; son vehículos para la revelación, que invitan al oyente a habitar su mundo y a ver la realidad de una manera nueva.

Esto nos lleva a la siguiente tabla:[55]

1. Texto	**2. Aplicación**
A. Involucrar la parábola en el texto en sus propios términos (evocar la escena *Origen*).	A. Usar la parábola para ver la actividad de Jesús en nuestra vida (explorar con un Nuevo Lente).
B. Usar la parábola para ver la actividad de Jesús en el texto (explorar con un Nuevo Lente).	B. Usar la parábola para ver nuestra actividad en el mundo (explorar con un Nuevo Lente).

Esta tabla muestra cómo las herramientas de la teoría de la metáfora (específicamente los movimientos de Evocar la escena Origen y Explorar con un Nuevo Lente) pueden usarse para interpretar y aplicar las parábolas.

En el primer paso (1A), involucramos la parábola en sus propios términos. La tarea es entender la lógica interna, los personajes y las relaciones de la historia en su propio derecho, sin imponer inmediatamente un significado espiritual. ¿Cuál es la lógica situacional de la historia? ¿Qué esperaríamos que sucediera basándonos en las normas culturales de la época?

En el segundo paso (1B), usamos nuestra comprensión de la parábola para ver la actividad de Jesús en el texto más amplio. Aquí es donde comenzamos a explorar la dinámica espiritual a través del lente de la historia terrenal. ¿Cómo ilumina esta parábola la misión y el mensaje de Jesús? ¿Qué nos revela sobre el reino de Dios?

En el tercer paso (2A), trasladamos estas percepciones de nuestras propias vidas. Si esta parábola revela algo verdadero sobre Jesús y Su reino, ¿cómo podría manifestarse eso en nuestra experiencia? ¿Cómo podríamos encontrarnos con esta realidad espiritual hoy?

Finalmente, en el cuarto paso (2B), consideramos cómo esta visión renovada podría dar forma a nuestro compromiso con el mundo. ¿Cómo podría esta parábola, cuando se vive, impactar en nuestras relaciones, nuestras prioridades y nuestras acciones?

A través de estos cuatro movimientos, las parábolas dejan de ser meras historias o ilustraciones y se convierten en encuentros transformadores. Nos invitan a entrar en su mundo, adoptar su lógica y luego permitir que esa lógica remodele nuestra visión de Dios y de Su reino y de nosotros mismos.

Los cuatro movimientos metafóricos, entonces, no son tanto una plantilla rígida para sermones completos como un conjunto de herramientas flexibles para enriquecer cualquier tipo de sermón. Son lentes que podemos ponernos en cualquier punto del proceso de preparación del sermón para notar nuevos detalles, hacer nuevas conexiones y comunicar antiguas verdades de nuevas maneras. Y son medios por los cuales el Espíritu puede tomar las metáforas a menudo ignoradas para comunicar visión y traer renovación.

Así que, a medida que avanzamos, mantén estas herramientas en mente, incluso mientras exploramos otras estructuras y estrategias. Deja que los movimientos metafóricos informen tu exégesis, agilicen tu aplicación y amplifiquen tu imaginación. Y confía en que el mismo Dios que inspiró las metáforas de la Escritura puede usar y usará tu predicación metafórica para remodelar la imaginación de la congregación a la imagen de Cristo.

Técnica 2: Estrategias homiléticas, forjar la joya

Predicar metafóricamente es un arte de forja, un proceso de dar forma cuidadosamente a nuestros sermones para que reflejen la forma y el brillo de las metáforas que contienen. Al igual que el orfebre calienta, martilla y da forma al metal precioso, nosotros también empleamos diversas estrategias homiléticas para forjar nuestras percepciones metafóricas en sermones coherentes y transformadores. Cada estrategia es como una herramienta en la caja de herramientas del orfebre, utilizada hábilmente para dar forma a la joya final. Veamos los movimientos metafóricos presentes en los siguientes ejemplos de sermones.

EJEMPLO DE SERMÓN 1

Título: ¿Quién es miembro del pueblo de Dios?

Texto: Efesios 1:3-14

Bendito sea el Dios y Padre de nuestro Señor Jesucristo, que nos ha bendecido con toda bendición espiritual en los lugares celestiales en Cristo, según nos escogió en Él antes de la fundación del mundo, para que fuéramos santos y sin mancha delante de Él. En amor nos predestinó para adopción como hijos para sí mediante Jesucristo, conforme al beneplácito de su voluntad, para alabanza de la gloria de su gracia que gratuitamente ha impartido sobre nosotros en el Amado. En Él tenemos redención mediante su sangre, el perdón de nuestros pecados según las riquezas de su gracia que ha hecho abundar para con nosotros. En toda sabiduría y discernimiento nos dio a conocer el misterio de su voluntad, según el beneplácito que se propuso en Él, con miras a una buena administración en el cumplimiento de los tiempos, es decir, de reunir todas las cosas en Cristo, tanto las que están en los cielos, como las que están en la tierra. En Él también hemos obtenido herencia, habiendo sido predestinados según el propósito de aquel que obra todas las cosas conforme al consejo de su voluntad, a fin de que nosotros, que fuimos los primeros en esperar en Cristo, seamos para alabanza de su gloria. En Él también vosotros, después de escuchar el mensaje de la verdad, el evangelio de vuestra salvación, y habiendo creído, fuisteis sellados en Él con el Espíritu Santo de la promesa, que nos es dado como garantía de nuestra herencia, con miras a la redención de la posesión adquirida de Dios, para alabanza de su gloria.

Introducción [evocar la escena *Origen*]

Cuenta la historia que Claudio, emperador romano, tuvo un hijo con su tercera esposa y lo llamó César Británico. Esta tercera esposa murió cuando su hijo era aún pequeño. Al no poder tener más hijos que afirmaran la herencia del trono, decidió adoptar a un hijo mayor de edad para asegurar la herencia. Para llevar a cabo este plan, se casó con Agripina, quien tenía un hijo de un matrimonio anterior. Este hijo adoptivo, Nerón, al ser mayor que César, se convirtió automáticamente en heredero al trono. Nerón no necesitó ser un hijo biológico para adquirir todos los derechos de su herencia, la sola adopción lo certificaba como hijo y lo hacía merecedor del cargo.

La adopción era una práctica bien conocida, especialmente entre las familias de la élite, por varias razones: (1) la gran cantidad de matrimonios sin hijos, (2) la alta tasa de mortalidad infantil (alrededor del 50 %) y (3) la frecuente muerte de los padres cuando sus hijos eran jóvenes (un tercio de los niños romanos perdían a su padre antes de la pubertad y otro tercio antes de los veinticinco años). La mayoría de las personas estaban familiarizadas con la adopción, aun las que no eran adoptadas.[56]

En el caso de las adopciones imperiales, se corroboraban en monedas, inscripciones y otros medios de propaganda imperial (las redes sociales del momento).[57] Era importante para el emperador que todos se enteraran de la adopción: él era el hijo de un dios. Para la dinastía que gobernó desde Augusto (desde el 31/27 a. C.) hasta Nerón (68 d. C.), la adopción se convirtió en una estrategia política clave:

> Existe una diferencia entre los dos métodos: que un hijo engendrado resulta ser cualquier tipo de persona que al Cielo le plazca, mientras que uno que [ha] adoptado a un hombre se toma a sí mismo como resultado de una selección cuidadosa. Si es por nacimiento, un niño mutilado o sin ingenio le es dado a un padre, mientras que por el proceso de selección uno de cuerpo sano y mente sana seguramente será elegido.[58]

Erin Heim explica que el proceso involucraba que el padre escogiera a una persona que hubiera demostrado ser idónea; una declaración formal (*vindicatio*) del padre adoptivo reclamando al adoptado como su hijo elegido; luego se producía una transferencia simbólica de autoridad (*mancipatio*), cuando el padre adoptivo le compraba al adoptado a su padre biológico por un precio nominal. Los procedimientos requerían la validación de un tribunal de justicia para garantizar la legalidad.

Una vez finalizado, el adoptado asumía el nombre del padre adoptivo, dejaba su antigua identidad y obtenía todos los derechos como heredero a efectos de herencia. El objetivo era la integración completa del adoptado en la nueva familia, otorgándole los mismos derechos que a los hijos biológicos.[59] La adopción era un nuevo certificado de nacimiento, lo que significaba que nadie tenía que ser esclavo de su pasado, ya que la antigua identidad dejaba de existir. Así que la respuesta a la pregunta: ¿Quién soy yo?, es «soy un hijo del emperador, soy un hijo de dios».

[Nota lo que hace falta]

A diferencia de los propósitos de la adopción actual —cumplir el deseo de ser padres o darle a un niño la oportunidad de tener una familia—, el propósito de la adopción en la antigüedad era «perpetuar el *nombre*, la *propiedad*, y el *culto* de la familia».[60] El adoptado tenía que asumir el legado familiar en estas tres áreas. En el proceso de adopción, la persona pasaba de estar bajo la autoridad absoluta de un padre de familia a estar bajo la potestad absoluta de otro padre de familia.

Este ejemplo de adopción imperial es clave para entender el texto de Efesios 1:3-14.

[Proyectar a la escena *Destino*]

Como es de esperarse, la adopción debió de tener profundas implicaciones para los receptores de la carta. El filósofo pagano Celso calificaba el cristianismo como una religión detestable y servil que solo atraía «a necios, plebeyos y estúpidos, a esclavos, mujerzuelas y chiquillos».[61] El cristianismo para Celso era poco varonil y en nada romano, ya que atraía a las heces débiles de la sociedad. Pero precisamente aquí es donde entra la adopción, ya que el sentido de identidad, el de estatus y el de lealtad estaban conectados a la familia a la que se pertenecía. Es posible ser hijos de Dios, es posible ser adoptados por la deidad sin ser el emperador. Estos esclavos, estas mujeres, niños y estúpidos tienen ahora el estatus y la misma dignidad que estaba reservada exclusivamente para el emperador que había sido adoptado por la deidad.

Al adoptar a estos creyentes como Sus hijos, Dios les dio un nuevo certificado, un nuevo nombre; ser hijos de Dios es el fundamento de su identidad y valor. Al entender que su identidad fue el resultado de la acción de Dios, se entiende que la identidad del creyente no se basa en lo que hace o tiene. En el proceso de adopción vemos la acción divina actuando en pleno:

El Padre	El Hijo	El Espíritu Santo
Elige, adopta, acepta, da herencia	Redime	Sella

Desglosemos ahora cómo se describen en el texto cada uno de los pasos de la adopción:

-Somos hijos adoptados por el Padre

El Padre nos eligió para ser adoptados, en Cristo, desde antes de la fundación del mundo. Dios nos escogió no por accidente, no de último momento. Nos escogió y pensó en nosotros antes de pensar en cualquier piedra preciosa que hay en el universo, antes de pensar en el mar, las estrellas, los planetas y las galaxias. No estuvimos en el pensamiento de Dios desde el momento en el que fuimos concebidos, sino desde antes de la fundación del mundo. ¿Por qué? Porque tiene un llamado y un propósito para nosotros: ser miembros de Su familia. Una de las diferencias centrales entre el cristianismo y las demás religiones es que a las demás te puedes convertir. Te puedes convertir en budista o en islámico si abrazas ciertas enseñanzas, sigues un estilo de vida particular y te vistes de cierta manera. En el caso del cristianismo, es Dios quien primero hace una obra en nosotros. Estamos en relación con el Padre porque el Padre ha hecho el primer movimiento en Cristo. Así lo responderían Pablo (1 Cor. 12:3), Jesús (Juan 6:44) y Lucas (Hech. 13:48). Después de todo, ni ahora ni en aquel entonces el hijo escoge al Padre. A quién adoptar es la prerrogativa del Padre.

Si Dios nos escogió es porque tiene un propósito para nosotros, ¿Qué hacemos aquí en la tierra? ¿Tenemos un propósito para el resto de nuestros días? ¿Cuál es? Vivir como hijos que reflejan la santidad de la casa a la que ahora pertenecen. Esta idea de separación no quiere decir que vivimos en una burbuja completamente aislados del mundo exterior, más bien comunica que abrazamos un estilo de vida en nuestros pensamientos, sentimientos y decisiones, de manera que mostramos que vivimos apartados para Dios y para Sus propósitos. Es así como podemos ser el preservante moral de la sociedad (la sal) y la gente puede ver el reflejo de la gloria de Dios en medio de su oscuridad (la luz).

A la descripción de «santo» le agrega «sin mancha delante de Él». La santidad es la impronta que debe reposar sobre todo lo que hacemos. ¿Delante de quién debemos ser santos y sin mancha? Delante de aquel que pensó en nosotros desde antes de la fundación del mundo. Así que la elección no solo nos ofrece un gran privilegio, sino que también le da propósito a nuestra adopción. Recordemos que las historias registradas en las Escrituras del Antiguo Testamento son el diccionario del apóstol Pablo y, por extensión, el nuestro. Este lenguaje evoca momentos cruciales de la historia de Israel en el Antiguo Testamento. Así que leamos el siguiente pasaje:

> *Porque tú eres pueblo santo para el SEÑOR tu Dios; el SEÑOR tu Dios* ***te ha escogido*** *para ser pueblo suyo de entre todos los pueblos que están sobre la faz de la tierra. El SEÑOR no puso su amor en vosotros ni os escogió por ser vosotros más numerosos que otro pueblo, pues erais el más pequeño de todos los pueblos; mas porque el SEÑOR* ***os amó*** *y guardó el juramento que hizo a vuestros padres, el SEÑOR os sacó con mano fuerte y os redimió de casa de servidumbre, de la mano de Faraón, rey de Egipto.*
> (Deuteronomio 7:6-8, énfasis añadido)[62]

¿Cómo logramos caminar en esta perfección? En amor. En este mundo egoísta, en el que todo es recibir, mirar a quién le quito y conseguir mis metas por encima del otro, necesitamos experimentar el amor. El amor nos impulsa a dar y a renunciar por la gloria de Dios y el bienestar de los demás. Él te llamó a esto porque Dios es así, porque Padre, Hijo y Espíritu son así, aman (v. 3). Y nuestro llamado es reflejar a

Dios. Dios es diferente al resto por la calidad del amor que se dan el uno al otro y que le dan a la creación.

La palabra «predestinación» lleva consigo la idea de «destino». El Espíritu Santo, mediante el apóstol Pablo, escribe que podemos estar seguros en nuestro corazón de que Dios nos tenía un destino asegurado, un futuro glorioso: hacernos parte de Su familia. Así, en los días en los que el sufrimiento toque a nuestra puerta, cuando nos visiten días vacíos, o cuando queramos llorar sobre el sinsentido de este mundo, podamos recordarlo. El Padre nos adoptó como hijos a través de Cristo. Cristo cruzó el abismo que nos separaba. Cristo hizo el papeleo en la cruz del calvario; allí se firmó nuestra adopción.

-Somos hijos redimidos por el Hijo

Somos aceptos en el amado (Ef. 1:6, RVR1960). Dios nos hizo Suyos con el fin de que no tengamos que vivir esclavizados a la aprobación o aceptación de nadie. Deuteronomio 7:6-8 nos recuerda que el Señor no se enamoró de Su pueblo, Él puso Su amor sobre ellos (son dos cosas distintas). Dios los amó no por quienes eran. En el contexto del pasaje de Efesios, muchos de los lectores tal vez eran esclavos. Nunca tuvieron padre o sus padres los dieron por algún defecto físico o por haber nacido mujer y esto no les convenía para la perpetuación del linaje. ¡Saber que Dios los había adoptado, ser hijos de Dios, algo que estaba reservado para los emperadores, es una realidad que lo cambia todo! El hecho de que Dios los hubiese escogido no por azar ni por su capacidad, era revelador y liberador. Los creyentes eran aceptos en el amado.

[Nota lo que hace falta]

El proceso de adopción requería que se pagara un precio y, en muchos casos, ser redimidos de la esclavitud, antes de ser adoptados. Sin embargo, lo que vemos en este pasaje es muerte. La humanidad ha pecado y, por lo tanto, vive bajo la esclavitud de este amo. Dado que el pecado es una pena capital, solo se puede redimir con la muerte. Pero atención, lo más insólito ocurre en este punto del pasaje. El propósito de la adopción es conseguir un heredero idóneo. El propósito principal de la adopción no era satisfacer las necesidades de quienes querían ser padres y no podían. Por eso, la adopción nunca se daba con bebés; siempre se buscaba a una persona con carácter y personalidad ya definida que fuera un heredero idóneo. La adopción está conectada principalmente con la herencia, tal como el texto de Efesios 1:11 resalta.

Pero en Efesios 1:3 dice «bendito sea el Dios y Padre de nuestro Señor Jesucristo...». El Padre ya tiene un heredero idóneo. Lo más asombroso de todo es que lo entrega para liberar a quienes, según el canon de valores del momento, se encuentran en déficit, no son idóneos. Además, lo hace entregando Su vida. Por eso el texto menciona acertadamente que esto ha ocurrido por amor (v. 4) y conforme a las riquezas de Su gracia, no por mérito (v. 7).

[Proyecta a la escena *Destino*]

El texto resalta otro asunto importante. Al ser adoptados, se nos ofrece información clasificada que solo está disponible para los miembros de la familia; esto es por la naturaleza de la información y por el privilegio de ser miembro de esta casa. Un misterio es algo que no puede ser entendido o conocido porque está oculto. Pero Dios lo ha revelado y Dios nos ha dado la capacidad para entenderlo porque nuestra mente pequeña y limitada no podía entenderlo por sí sola.

Pablo habla del misterio, no de un misterio. En la vida no hay muchos misterios, solo hay uno. Y cuando ese misterio se resuelve, todo en la vida se puede entender a través de esa gran pieza que faltaba: Cristo. Él le da sentido a la historia. Sin Él, la historia sería inentendible e incoherente, pero, a través de Cristo, podemos entender lo que Dios ha hecho en el pasado, lo que está haciendo en el presente y lo que nos espera en el futuro.

-Somos hijos sellados por el Espíritu

¿Cómo sabemos que somos hijos de Dios? Ahí es donde el Espíritu es el <u>sello</u> que demuestra lo genuino, la autenticidad de nuestra adopción; un sello es lo que garantiza que algo es auténtico y genuino. Por otro lado, el Espíritu Santo es «dado como garantía de nuestra herencia, con miras a la redención de la posesión adquirida de Dios, para alabanza de su gloria» (Ef. 1:14). Una analogía que nos permite entender la importancia de esta garantía es que el Espíritu es como un depósito que nos ha sido entregado, tal y como ocurre en la compra de una casa o de un carro. Y es cierto, somos hijos de Dios y seguimos caminando, aunque no hemos experimentado todos los privilegios y la transformación total y completa de nuestra vida y de nuestras circunstancias. ¿Cómo podemos estar seguros de que el propósito de Dios se llevará a cabo tal como Dios lo ha prometido? Bueno, Dios está tan comprometido con llevar a cabo Su plan que ha dejado Su Espíritu como garantía. Dios no va a perder al Espíritu (simplemente no existe esa posibilidad), así que es imposible que el propósito de Dios no se lleve a cabo. Esto nos da seguridad para seguir caminando, sabemos que no lo hacemos solos; por el contrario, el Espíritu Santo es un compañero permanente que, además de sellarnos, nos conduce a la meta de ser como Cristo. Seguramente hemos comprado alguna vez algún producto en una tienda oficial. Esos productos que llamamos «originales» tienen adherida una pequeña etiqueta holográfica que cambia de color al contacto con la luz. Algunos productos advierten en su empaque que si esa etiqueta está rota debes sospechar de su contenido. Este es solo un ejemplo para entender lo que significa el sello del Espíritu Santo para el hijo adoptado. Él es como esa etiqueta holográfica que garantiza la obra del Padre, es el sello que comunica originalidad, durabilidad y garantía.

Por eso, ante la pregunta que se hacían los gentiles de «¿quiénes somos?», la respuesta es «somos hijos adoptados por el Padre, miembros de la familia de Dios».

[Ver la vida a través del lente de la metáfora].

La pregunta «¿quiénes somos?» es importante. Para algunas personas, la identidad está determinada por lo que hacen (soy médico o empleado doméstico), por su estatus social («usted no sabe quién soy yo»), por la casta a la que pertenecen («yo soy de los Jiménez, no de los López»), por su apariencia física (con base en el canon de belleza que prima en la cultura en que vivimos), por sus posesiones, por el círculo social con el que se relaciona (yo soy amigo de/conozco a), su nivel académico, su estado civil (personas que echan en cara que son casadas y otros que mencionan siempre que están solas); por los pecados que han cometido y sus consecuencias. Para otras personas, la identidad está determinada por los pecados que han cometido contra ellas («Fulano, el abusado»).

La sociedad nos invita a construir, deconstruir o reinventar nuestra identidad. Intenta de muchas formas equivocadas construirla fuera de Dios. Estos intentos solo nos dejan más perdidos, quebrados y cansados. Peor aún, nos dejan con depresión, porque estos esfuerzos nos encorvan hacia nosotros mismos. Ponen nuestro foco en aquello de lo cual el Hijo de Dios nos liberó. El pasaje es claro al decirnos tres veces: ahora vivimos para la alabanza de Su gloria. Nuestra gloria, reconocimiento y mayor privilegio es vivir ahora como miembros de la casa del Padre, el Rey del universo.

Es por la adopción como el creyente tiene acceso a la persona más poderosa del universo, el Padre (Ef. 1:15-23; 2:18; 3:4-19) y nos invita a vivir como hijos amados (Ef. 5:1); vivir como hijos de luz (Ef. 5:8); a vivir en las casas terrenales como miembros de la familia de Dios (capítulos 5-6).

¿Qué es la identidad? Charles Taylor la define con acierto: «Saber quién soy [identidad] es saber sobre qué estoy parado. Mi identidad se define por los compromisos y las tarjetas de presentación, que proporcionan el marco o el horizonte dentro del cual determino lo que es bueno, o valioso, lo que debe hacerse, lo que apruebo o a lo que me opongo. En otras palabras, es el horizonte dentro del cual soy capaz de posicionarme».[63] Nuestra identidad viene y fluye del hecho de que somos hijos de Dios. Por esto J. I. Packer escribe:

> Si quieres saber qué tan bien una persona entiende el cristianismo, mira qué tanto aprecia el hecho de ser hijo de Dios y tener a Dios como Padre. Este debe ser el pensamiento que promueve la adoración y la oración, al tiempo que controla y gobierna cómo ve el mundo que le rodea. La adopción es el mayor privilegio que el evangelio ofrece.[64]

Quiero contarles sobre mi amigo David. Por años, David basó su identidad en su exitosa carrera como abogado. Derivó su valor de su prestigio, sus ingresos y logros profesionales, pero cuando su bufete se declaró en bancarrota y perdió su trabajo, sufrió una crisis de identidad. Fue durante este tiempo cuando finalmente se volvió a Dios y comenzó a entender su identidad como hijo amado de Dios. En este proceso, David también descubrió algo más: su identidad no era solo individual, sino también colectiva. A través de Cristo, no solo era un hijo amado de Dios, sino también parte de la familia de Dios, la Iglesia. Encontró un nuevo sentido de pertenencia y propósito, no en sus logros solitarios, sino en su conexión con otros creyentes. Ahora, David dice: «No son mi trabajo ni mis fracasos los que me definen. Lo que me define es el amor inmutable de Dios por mí y por mi lugar en Su pueblo. Mi identidad está entretejida con la de mis hermanos y hermanas en Cristo. Juntos, somos la familia de Dios, escogida y amada por él».

Breve análisis

En este sermón podemos ver claramente los cuatro movimientos metafóricos en acción:

1. **Evocar la escena *Origen*.** El predicador inicia evocando vívidamente el mundo de la adopción romana. Describe los elementos clave de este proceso legal y social, como el papel del padre adoptivo, el estatus del adoptado y el propósito de asegurarse un heredero adecuado. Esta descripción detallada invita a la audiencia a entrar en el mundo conceptual que dará forma a su comprensión de la adopción espiritual.
2. **Proyectar a la escena *Destino*.** A continuación, el predicador proyecta cuidadosamente los elementos específicos de la adopción romana sobre la realidad espiritual de ser adoptados por Dios. Destaca paralelismos como la iniciativa del Padre al elegirnos, el cambio de estatus que experimentamos y la herencia que recibimos. Al mismo tiempo, señala las diferencias cruciales, como el

hecho de que Dios ya tiene un heredero perfecto en Cristo, subrayando así la naturaleza inmerecida de nuestra adopción.

3. **Explorar la vida a través de un nuevo lente.** Habiendo establecido esta metáfora, el predicador ahora guía a la audiencia a reconsiderar su relación con Dios a través de este nuevo lente. Enfatiza cómo la adopción reorienta nuestra identidad, nuestra seguridad y nuestro propósito. También desafía la idea de ganar la aceptación de Dios, invitando en cambio a un asombro ante la gracia de la adopción.

4. **Observar los límites.** Por último, el predicador observa con atención los límites de la metáfora, señalando aspectos de nuestra relación con Dios que la adopción podría no captar plenamente. Estas observaciones ayudan a la audiencia a evitar que la metáfora vaya más allá de su intención.

A lo largo del sermón, vemos cómo estos movimientos metafóricos no son pasos rígidos, sino herramientas flexibles para entender y ver a través de la metáfora bíblica. El resultado es un mensaje que no solo explica, sino que invita a la audiencia a maravillarse y a vivir a la luz de esta asombrosa realidad.

Para profundizar en el proceso de preparación de este sermón, te invito a consultar el Apéndice 1. Allí se presenta una explicación detallada de cómo las diferentes herramientas, desde el análisis de la escena, la identificación de la metáfora y el análisis de la metáfora en el discurso, han llevado al estudio y, posteriormente, a la estructuración homilética de este sermón.

EJEMPLO DE SERMÓN 2

Título: Nación agrietada, pueblo quebrantado.

Texto: Lamentaciones 4

Introducción

¿Alguna vez has visto una grieta en una pared y has pensado: «No es gran cosa»? Quizás la cubriste con un poco de pintura y seguiste adelante. Pero las grietas a menudo son señales de problemas estructurales más profundos. Si los cimientos son inestables, si hay presión constante, si la estructura ha sido debilitada por años de negligencia, esas grietas pueden expandirse hasta que, de repente, todo el edificio se derrumba. Quizás has experimentado algo similar en tu propia vida: grietas en una relación o en tu integridad que han causado o están causando un gran colapso.

En el libro de Lamentaciones hemos visto cómo el pecado de Judá llevó al juicio de Dios. También encontramos al profeta Jeremías llorando sobre las ruinas de Jerusalén. La pregunta que surge es: ¿Cómo es posible que el pueblo de Dios, que ha sido escogido por Él, que tiene una historia con Dios, y promesas de Dios, deje crecer grietas? ¿Qué tipo de grietas llevan al pueblo de Dios al fracaso? Tal como leeremos en Lamentaciones 4:11, Jeremías identifica tres grietas:

1. Una grieta moral: la insensibilidad a la corrupción y a la injusticia (vv. 1-11);
2. Una grieta de liderazgo: la falla de los líderes espirituales (vv. 12-16);
3. Una grieta de lealtad: la dependencia de aliados falsos en lugar de Dios (vv. 17-20).

Primera grieta: la insensibilidad a la corrupción cultural (1-11)

¡Cómo se ha ennegrecido el oro,
cómo ha cambiado el oro puro!
Esparcidas están las piedras sagradas

por las esquinas de todas las calles.
Los hijos preciados de Sion,
que valían su peso en oro puro,
¡cómo son tenidos por vasijas de barro,
obra de manos de alfarero!
Aun los chacales dan las ubres,
dan de mamar a sus crías;
pero la hija de mi pueblo se ha vuelto cruel
como los avestruces en el desierto.
La lengua del niño de pecho se le pega
al paladar por la sed;
los pequeños piden pan,
pero no hay quien lo reparta.
Los que comían manjares
andan desolados por las calles;
los que se criaron entre púrpura
abrazan estercoleros.
La iniquidad de la hija de mi pueblo
es mayor que el pecado de Sodoma,
que fue derribada en un instante
sin que manos actuaran contra ella.
Sus consagrados eran más puros que la nieve,
más blancos que la leche,
más rojizos de cuerpo que los corales,
como el zafiro su apariencia.
Más negro que el hollín es su aspecto,
no se les reconoce por las calles;
se ha pegado su piel a sus huesos,
se ha marchitado, se ha vuelto como madera.
Más dichosos son los que mueren a espada
que los que mueren de hambre,
que se consumen, extenuados,
por falta de los frutos de los campos.
Las manos de mujeres compasivas
cocieron a sus propios hijos,

que les sirvieron de comida
a causa de la destrucción de la hija de mi pueblo.
El Señor ha cumplido su furor,
ha derramado su ardiente ira;
y ha encendido un fuego en Sion
que ha consumido sus cimientos.

Jeremías describe la degradación del pueblo de Dios como oro ennegrecido. Esta degradación moral no ocurrió de la noche a la mañana. Inicialmente, el pueblo de Judá fue bendecido por Dios y vivió en un estado de santidad, tal como lo simbolizaban el oro y las piedras preciosas. Sin embargo, con el tiempo, permitieron que el pecado y la idolatría se infiltraran en su sociedad, corrompiendo gradualmente sus valores y prácticas. La desobediencia ennegreció lo que en otro tiempo fue preciado. Las piedras juntas no forman una pieza atractiva (como es el caso de un collar), son piezas esparcidas que no llaman la atención, han perdido su atractivo. ¿Cómo se ve esto en la práctica?

Los versículos 3 y 4 describen una escena desgarradora. Bebés llorando de sed sin que nadie los atienda, niños mendigando pan sin que nadie les dé. Las madres, que deberían ser las protectoras naturales de sus hijos, son comparadas con avestruces crueles que abandonan a sus crías. Más adelante se cuenta cómo estas mismas mujeres cocinan a sus propios hijos para comérselos. Es una imagen de una sociedad que ha perdido toda humanidad y compasión. Sabes que una sociedad está agrietada cuando no protege a aquellos que no pueden protegerse a sí mismos, cuando la crueldad hacia los indefensos se vuelve común. Podemos ver ecos inquietantes de esta misma insensibilidad en nuestro mundo actual.

En Holanda y Canadá se está legalizando la muerte asistida para los autistas, bajo el lema «La muerte es mejor que la dependencia». No somos muy diferentes a la sociedad de Judá. Aunque no nos comemos a nuestros hijos, sí celebramos el aborto. Déjame contarte de Jessica Jane, una bebé que fue abortada por su madre, pero nació con vida. La bebé fue dejada durante 1 hora y 20 minutos con vida en una bandeja, sin recibir asistencia médica, porque los bebés abortados no tienen derecho a ser asistidos. Según UNICEF, el 28 % de las víctimas de trata en el mundo son niños. En las regiones del África Subsahariana, América Central y el Caribe, los niños representan una proporción más alta.[65]

Tratamos a las mascotas como a hijos, mientras celebramos el suicidio asistido por médicos. El mes pasado, una pareja de ancianos, de 90 años, decidió que ya no querían seguir viviendo y solicitaron una eutanasia doble. En el 2022, veintinueve parejas se sometieron a la eutanasia en Holanda. Vemos belleza donde no la hay, vivimos en una sociedad completamente corrompida. El oro se ha ennegrecido y las piedras preciosas están esparcidas. Que la tragedia nos sirva de advertencia para que no tengamos la depravación moral en nuestra cultura como uno de los pilares de nuestra vida.

Sin embargo, la corrupción moral no fue la única falla que llevó a la caída de Judá. Jeremías identifica una segunda grieta: un liderazgo desacreditado.

Segunda grieta: la falla de los líderes espirituales (vv. 12-16)

No creyeron los reyes de la tierra,
ni ninguno de los habitantes del mundo,
que pudieran entrar el adversario y el enemigo
por las puertas de Jerusalén.
A causa de los pecados de sus profetas
y de las iniquidades de sus sacerdotes,
quienes derramaron en medio de ella
la sangre de los justos,
vagaron ciegos por las calles,
manchados de sangre,
sin que nadie pudiera tocar sus vestidos.
¡Apartaos! ¡Inmundos! gritaban de sí mismos.
¡Apartaos, apartaos, no toquéis!
Así que huyeron y vagaron;
entre las naciones se decía:
No seguirán residiendo entre nosotros.

La presencia del Señor los dispersó,
no volverá a mirarlos.
No honraron a los sacerdotes,
ni tuvieron piedad de los ancianos.

Los profetas tenían la responsabilidad de llamar al pueblo al arrepentimiento, de confrontar el pecado y de hablar la verdad, incluso cuando era impopular. A través de los sacrificios y rituales que realizaban, los sacerdotes proveían un medio para que el pueblo buscara el perdón y la restauración. Sin embargo, estos líderes fallaron en sus deberes. Los profetas fracasaron en corregir al pueblo; los sacerdotes, en lugar de facilitar la reconciliación entre el pueblo y Dios, profanaron el templo con sus propias acciones.

Dios ha provisto el liderazgo espiritual para Su pueblo con el fin de que las grietas sean reconocidas y resueltas. Esto también es cierto para la Iglesia en el Nuevo Testamento. Por eso, es crucial la responsabilidad en la elección de nuestros líderes. Un líder piadoso, que busca a Dios y camina en integridad, edificará al cuerpo de Cristo, alimentará a las ovejas, reparará las grietas y guiará al pueblo. En cambio, un líder impío, que tolera el pecado y busca su propia gloria, llevará a la iglesia a la ruina. Ese líder anima al pueblo a ignorar las grietas hasta que es demasiado tarde.

En 1 Timoteo 3:1-7, Pablo establece que un obispo, o anciano, debe ser «irreprochable, marido de una sola mujer, sobrio, prudente, de conducta decorosa, hospitalario, apto para enseñar, no dado a la bebida, no pendenciero, sino amable, no contencioso, no avaricioso...». ¿Por qué tales estándares elevados? Porque los líderes ejercen una gran influencia y, si carecen de integridad, pueden desviar a muchos. De manera similar, Pablo instruye que los diáconos (servidores de la iglesia) también deben ser «dignos, de una sola palabra [...] fieles en todo» (1 Tim. 3:8-13).

Una vez que se eligen los líderes, debemos orar regularmente por ellos, apoyarlos en su ministerio y también velar porque en la iglesia haya rendición de cuentas (para que sean conscientes de las grietas en su propia vida). Las grietas en el liderazgo llevaron al pueblo a la destrucción. Por eso los requisitos del Nuevo Testamento para los líderes están diseñados precisamente para evitar que se repitan tales fallas.

Pero la falla de los líderes espirituales no fue la única que llevó a la caída de Judá. Jeremías identifica una tercera grieta: aliados desleales.

Tercera grieta: aliados desleales (vv. 17-22)

Aun nuestros ojos desfallecían,
buscar ayuda [militar] *fue inútil.*
En nuestro velar hemos aguardado
a una nación incapaz de salvar.
Ponían trampas a nuestros pasos
para que no anduviéramos por nuestras calles.
Se acercó nuestro fin,
se cumplieron nuestros días,
porque había llegado nuestro fin.
Nuestros perseguidores eran más veloces
que las águilas del cielo;
por los montes nos persiguieron,
en el desierto nos tendieron emboscadas.
El aliento de nuestras vidas, el ungido del SEÑOR [Rey Sedequías],
fue atrapado en sus fosos,
aquel de quien habíamos dicho: A su sombra [bajo su protección]
viviremos entre las naciones.
Regocíjate y alégrate, hija de Edom,
la que habitas en la tierra de Uz;
también a ti pasará la copa,
te embriagarás y te desnudarás.
Se ha completado el castigo de tu iniquidad, hija de Sion:
no volverá él a desterrarte;
mas castigará tu iniquidad, hija de Edom;
pondrá al descubierto tus pecados.

A partir del versículo 17, Jeremías se lamenta de que Judá, en lugar de mirar a Dios, miró a sus vecinos, miró a su rey, buscó ayuda y apoyo en todos lugares excepto en el Señor. Pusieron su esperanza en una nación incapaz de salvarlos. Olvidaron lo que dice el Salmo 121: «Levantaré mis ojos a los montes; ¿de dónde vendrá mi socorro? Mi socorro viene del Señor, que hizo los cielos y la tierra. No permitirá que tu pie resbale; no se adormecerá el que te guarda. He aquí, no se adormecerá ni dormirá el que guarda a Israel». Alzaron sus ojos, pero no para mirar a Dios. Aconsejados por los falsos profetas, dijeron: «Ellos no permitirán que nos pase nada». Esta alianza no funcionó. Egipto se quedó con el dinero. Grave error.

Esta no era la primera vez que Israel se veía amenazado por pueblos vecinos. En Éxodo 3, los judíos eran esclavos en Egipto. El versículo 7 dice que su clamor llegó hasta los oídos de Dios. El Señor respondió a su necesidad. Pero esta vez, en lugar de confiar en que Dios los rescataría como ya lo había hecho muchas veces, acudieron a un pueblo pagano.

Según los versículo 18 y 19, para los caldeos fue muy fácil cazar a los judíos. Y no es que los caldeos fueron más estratégicos que los judíos. El asunto es que Dios ahora lo estaba permitiendo. Antes Dios los había defendido. El libro de Jueces narra formas increíbles en que el ejército israelita vencía a sus enemigos, por mano de Dios. El rey en este momento era Sedequías, y hasta él fue llevado cautivo. Nadie se salvó de la ferocidad del enemigo en quien ellos pusieron su esperanza.

Al igual que Judá buscó ayuda en Egipto en lugar de volverse a Dios, nuestra tentación es hacer lo mismo. Por ejemplo:

- Cuando enfrentamos dificultades financieras, podemos ser tentados a buscar hacernos ricos rápidamente (juegos de azar, actividades ilegales), en lugar de buscar la sabiduría de Dios y ser fieles en nuestro trabajo.
- En momentos de soledad o dificultades relacionales, algunos pueden buscar consuelo en relaciones inapropiadas, pornografía o sustancias adictivas, en lugar de encontrar su identidad y satisfacción en su relación con Dios.

- En un mundo cada vez más polarizado, algunos cristianos ponen su esperanza en movimientos políticos o líderes, como si ellos fueran la solución definitiva, en lugar de recordar que nuestra ciudadanía final está en el cielo.
- Incluso en asuntos espirituales, algunos pueden ir de una tendencia o maestro a otro, buscando siempre nuevas experiencias o revelaciones, en lugar de profundizar en las verdades centrales del evangelio y en su andar constante con Dios.

En cada caso, la tentación es buscar soluciones rápidas o escapar del dolor por nuestros propios medios, en lugar de llevar nuestras luchas a Dios, esperar en Él y confiar en Su sabiduría.

A pesar de las devastadoras grietas morales, de liderazgo y de lealtad que llevaron a la caída de Judá, los creyentes en Cristo tenemos una esperanza inconmovible. En Hebreos 11 se nos recuerda que Abraham «esperaba la ciudad que tiene cimientos, cuyo arquitecto y constructor es Dios» (Heb. 11:10).

Abraham entendió algo que el pueblo de Judá en los días de Jeremías había olvidado: que ninguna ciudad terrenal, sin importar cuán grande o gloriosa sea, es nuestro hogar final. Incluso Jerusalén, la ciudad escogida de Dios, podía convertirse en escombros porque no tenía fundamentos eternos. Pero la ciudad que Abraham buscaba, la ciudad que nosotros también anhelamos, no es una ciudad construida por manos humanas. El reino no puede ser sacudido por grietas morales, liderazgo fallido o alianzas terrenales fracasadas. La razón por la que es inconmovible es simple: no se basa en nuestros esfuerzos o fidelidad imperfectos, sino en el amor perfecto de Dios y Su justicia infalible. Como afirma el autor de Hebreos: «Así que, recibiendo nosotros un reino inconmovible, tengamos gratitud» (Heb. 12:28).

Si estamos siendo quebrantados, y somos cristianos, esa es una señal muy poderosa de que Dios nos ama. Puede que Dios esté removiendo grietas de nuestra vida para que lo conozcamos más profundamente, para santificarnos. O que, por medio de este dolor, nos esté entrenando para ser más sensibles al dolor del otro. Pero si no te has rendido a

Dios todavía, entonces el dolor y el sufrimiento pueden ser una señal de Su amor en el sentido de que te está llevando al arrepentimiento.

Breve análisis

La estructura del sermón se desarrolla en torno a la metáfora de las grietas en un edificio, que representan los problemas morales y espirituales que llevaron a la caída de Judá. El versículo 11 es clave, ya que menciona los cimientos consumidos por el fuego, simbolizando la destrucción total de la nación debido a estas grietas.

El sermón identifica tres grietas principales:

1. Una grieta moral: la insensibilidad a la corrupción y a la injusticia (vv. 1-11);
2. Una grieta de liderazgo: la falla de los líderes espirituales (vv. 12-16);
3. Una grieta de lealtad: la dependencia de aliados falsos en lugar de Dios (vv. 17-20).

Cada una de estas grietas se explora en detalle, destacando cómo contribuyeron a la caída de Judá y cómo se pueden observar en la sociedad contemporánea.

Al final del sermón se presenta un contraste basado en la metáfora de los cimientos. A diferencia de Judá, cuya ciudad terrenal fue destruida debido a sus grietas morales y espirituales, los creyentes en Cristo tienen una esperanza inconmovible en la ciudad celestial, cuyo arquitecto y constructor es Dios (Heb. 11:10). Este reino no puede ser sacudido por grietas morales, liderazgo fallido o alianzas terrenales fracasadas, ya que se basa en el amor perfecto y en la justicia infalible de Dios en Cristo.

En resumen, la estructura del sermón utiliza la metáfora de las grietas y los cimientos para ilustrar los problemas espirituales de Judá, mientras que al final ofrece la esperanza de un fundamento sólido e inconmovible para los creyentes.

EJEMPLO DE SERMÓN 3[66]

Título: La Palabra de Dios: una luz en la oscuridad (Justin Paul Rossow)

Texto: Salmo 119:105

Lámpara es a mis pies tu palabra, y luz para mi camino.

Evoca la escena de ***Origen*** **en el mundo de hoy:**

Pensemos en lo que evoca en nosotros la imagen de una lámpara como la que se describe en este texto. Probablemente no hemos visto una lámpara de aceite en la vida real. Me refiero a una lámpara de aceite antigua, el tipo de lámpara que el salmista dice que es la Palabra de Dios. Esta lámpara de aceite, como la mayoría de las de esa época, era lo suficientemente pequeña como para sostenerla con una mano y estaba hecha de arcilla cocida. Se podían ver las marcas decorativas de las herramientas alrededor del borde superior.

Hoy en día, estos artefactos se guardan en museos, son para exhibición y, en otros casos, para decoración si te gustan las antigüedades o el estilo *vintage*, no para el uso diario. ¿Para qué una lámpara si tenemos la linterna del celular? ¿Para qué aceite si podemos usar pilas recargables?

Una lámpara de aceite era útil para la gente en la época de Jesús o el rey David, pero nosotros tenemos mucha luz. Disponemos de faros en los carros y farolas para la noche. Disponemos de linternas y proyectores, luces de emergencia, luces fosforescentes, luces para el escenario. Nuestro día puede seguir con absoluta normalidad cuando el sol se ha ido. Además, gracias a la luz artificial, no nos afecta cuando llega el invierno y oscurece temprano en los países con estaciones marcadas.

Aparte de la luz física, tenemos la luz de la medicina con todas sus herramientas, como ecografías o electrocardiogramas, para llegar a diagnósticos más precisos. En comparación con antiguas generaciones, entendemos con mucha mayor precisión (aunque no plenamente) cómo funcionan nuestros cuerpos y, por eso, han podido inventar medicamentos como el antibiótico, que han evitado que una infección mate a mucha gente. Gracias a la medicina, muchas mujeres no pierden su vida al dar a luz (como sí sucedía en el primer siglo). Tenemos también la luz de la tecnología, YouTube nos ofrece información desde la preparación de una sopa hasta cómo hacerle el mantenimiento a tu lavadora. Y qué decir de la inteligencia artificial, con la cual ya puedes tener una conversación. De ahí que muchos vean la Escritura como una lámpara antigua obsoleta en un mundo que ha «conquistado la oscuridad».

Nuestra cultura nos predica: «No estás en peligro, tienes el control». «No estás en peligro, sigue adelante y toma el camino que quieras, todos conducen al mismo lugar». «¡No estás en peligro, ve a donde quieras, haz lo que quieras, no hay nada que temer!». Todas estas expresiones, al llevarnos a pensar que no hay nada que temer, nos llevan a ver la lámpara (la Palabra de Dios) como innecesaria. Después de todo, vivimos en un mundo que ha conquistado la oscuridad.

A esto se suma que, al acercarnos a la Biblia, notamos que, aunque fue escrita para nosotros, no fuimos nosotros los destinatarios inmediatos. Por ejemplo, la Biblia contiene restricciones e instrucciones sobre el uso de velos o tener la cabeza rapada en el servicio de adoración (1 Cor. 11:4-8, 16). O, por ejemplo: «No vestirás ropa de material mezclado de lana y lino» (Deut. 22:11). También notamos que la Biblia regula sobre qué hacer con mujeres cautivas y tomadas en esclavitud sexual (Deut. 21:10-14; 22:28-29). Algunos, al leer esto, confirman lo que piensan: la Biblia no tiene nada qué decir a nuestro mundo moderno y progresista.

En resumen, la Biblia es mejor tenerla en el museo y dejarla allí. La pregunta obviamente es: ¿a qué se refería el salmista cuando dice que la Escritura es una lámpara a los pies?

Evoca la escena de ***Origen*** **en el mundo del salmista**

Quiero que imagines cómo el salmista habría usado esa misma lámpara de aceite en su día. El salmista no está escribiendo a personas que visitan un museo, tampoco a personas que tienen acceso a todo tipo de lámparas modernas como nosotros; el salmista está escribiendo a personas que saben por experiencia diaria que la oscuridad es peligrosa y aterradora; personas que transitaban largos trayectos siendo guiados solo por una lámpara de mano. Durante el camino, un animal con visión nocturna te puede atacar, te puedes cortar con algo que otro por accidente dejó en el camino o con alguna planta que se encuentre por ahí. Te puedes caer en alguna cavidad y morir allí si está lleno de agua o no eres auxiliado a tiempo. La oscuridad desorienta, existe el riesgo de tomar un desvío en la oscuridad y caminar toda la noche sin llegar a casa. Yo crecí en un pueblo en el que la luz se iba de repente y, en ocasiones, por días. El temor y sentido de inseguridad y desorientación eran palpables. El peligro se acentúa ante la ausencia de luz. El salmista, por su parte, entiende que la vida se encuentra en continuo peligro. Por eso escribe: «En peligro continuo está mi vida, con todo, no me olvido de tu ley» (Sal. 119:109).

Para el salmista, la vida es un viaje por un terreno pedregoso, lleno de curvas, giros inesperados, pérdidas de seres que amamos, abandono, tristeza, desorientación, adicciones que controlan nuestra vida, temores, insatisfacciones. La comodidad nos ha llevado a tener una visión irreal de la vida y, peor aún, a ignorar los peligros, los desafíos y las artimañas del maligno. La ilusión de seguridad nos hace olvidar que la vida está llena de experiencias que no podemos prever ni controlar.

Por eso no estamos preparados, no cuidamos nuestros pasos, dejamos de lado las palabras del salmista: «En peligro continuo está mi vida, con todo, no me olvido de tu ley». Cuando el salmista escribe: «lámpara es a mis pies tu palabra», nos está diciendo que vivimos en la oscuridad. (1) El salmista pide repetidamente entendimiento y guía (vv. 12, 18, 26-27, 33-35, etc.). Esto sugiere que no tenemos un entendimiento natural o inherente, sino que dependemos de la revelación de Dios. (2) Hay muchas peticiones para ser preservado del pecado, del error y del camino falso (vv. 9, 29, 37-38, 133, 176). Esto apunta a nuestra tendencia natural de vagar fuera del buen camino debido a la oscuridad espiritual. (3) El salmista admite su extravío como una oveja perdida y pide ser buscado y hallado por Dios (v. 176).

Es el entendimiento de que vivimos en la oscuridad y en el peligro lo que nos hace ver la Escritura como valiosa. El uso de las expresiones «a mis pies» y «a mi camino» muestra que esta lámpara no es la luz de las grandes lumbreras usadas por muchos en nuestros días, sino la perspicacia, claridad y lucidez que el caminante encuentra a través de la Escritura. Veamos las siguientes implicaciones:

Primero, la luz debe ir delante para guiar, no detrás, donde solo refleja nuestra sombra. Esto enfatiza la necesidad de permitir que la Palabra de Dios dirija nuestro camino, en lugar de simplemente seguir nuestras propias inclinaciones. Segundo, como una lámpara a nuestros pies, la Escritura provee luz para el siguiente paso, invitándonos a depender diariamente del consejo de Dios. Tercero, existe una conexión entre la palabra de Dios y la luz que se remonta a Génesis 1. Allí vemos a Dios trayendo orden y propósito al caos a través de Su palabra hablada.

Descansamos en el consejo de Dios porque Él es el Creador y nosotros somos criaturas. Como nuestro Creador, Dios conoce el diseño y propósito de todas las cosas, incluidas nuestras vidas. A través de Su Palabra escrita, Él nos da el privilegio de acceder a esa sabiduría, de ser guiados. Y esa es la luz. Quien ha reconocido que Dios es su Creador, entiende que Dios es su autoridad y, por lo tanto, se somete a Su luz.

La Escritura puedo verla como bufete o como luz. Si es bufete, yo escojo de aquí y de allá y me quedo con lo que más me convenga. Si es luz, a través de ella puedo ver todo lo demás. Por ejemplo, me muestra cómo debo manejar mis finanzas, ya sea que seamos compradores compulsivos o tacaños. ¿En qué sentidos es luz la Escritura? Pensemos en las siguientes dos formas:

1. La Escritura está llena de historias y biografías que sirven de modelo casi de manera inconsciente, moldean nuestros valores morales y lo que escogemos. Por eso nos dicen: «las filisteas nos dejan trasquilados y ciegos» (sin fuerza y sin propósito espiritual, te vuelven un hombre ordinario que vive para las cosas ordinarias de este mundo), mira a Sansón; «a Job le pasaron peores». «Hablaron de Jesucristo». «No le mientas al Espíritu Santo; mira lo

que les pasó a Ananías y a Safira.». «Anda, Abraham, ayúdale a Dios». Estos relatos están muy presentes en nuestra mente, nos asisten en momentos puntuales. Podemos echar mano de ellos en tiempos cruciales. Por eso Pablo dice: «Estas cosas les sucedieron como ejemplo, y fueron escritas como enseñanza para nosotros, para quienes ha llegado el fin de los siglos» (1 Cor. 10:11).

2. El Espíritu Santo toma del depósito de lo que hemos leído y lo usa para guiarnos. Así que, cuanta más Escritura tengamos almacenada, más va a tomar el Espíritu para dirigirnos. Si queremos luz, guía y dirección en nuestras vidas, necesitamos, como dijo el apóstol Pablo, «que la Palabra de Cristo more en abundancia en nosotros» (no que nos visite cada domingo, comp. Col. 3:16). La Escritura desarrolla tu paladar para que, al ir por la vida, lo tengas tan desarrollado que puedas discernir la voluntad de Dios entre las ofertas y oportunidades que se te presenten. Así habrás comido tanto de los pensamientos de Dios en Su Palabra que podrás identificarlos, olerlos, sentirlos. Hay decisiones que no son buenas o malas, sino que es la motivación la que las hace incorrectas. Por eso la luz se extiende hasta las profundidades más recónditas del corazón: «Escudríñame, oh Dios, y conoce mi corazón [...]. Y ve si hay en mí camino malo» (Sal. 139:24).

Ver la vida a través de la nueva lente

Por supuesto, no hay nada intrínsecamente malo con las bombillas fluorescentes o las luces eléctricas, lo que está en juego es nuestra forma de entender nuestra relación con la Palabra de Dios. La pregunta clave es: ¿Es la Palabra de Dios como una lámpara de aceite bajo el cristal de un museo en una cultura que no teme a la oscuridad? ¿O es la Palabra de Dios como una lámpara de aceite sostenida por un viajero necesitado de luz en medio de la oscuridad peligrosa?

El descuido de la Palabra de Dios en nuestro mundo ha llevado a la sociedad a tener mucha información y, al mismo tiempo, poco sentido de propósito y significado. Sabemos bien qué ingredientes se usan para hacer una torta, pero no sabemos para qué fue hecha. La Escritura, aunque parece irrelevante y arcaica, nos conecta con el Dios creador y redentor, que nos permite entender el para qué. Si entiendes que vivimos en oscuridad y reconoces su peligro, vas a usar la Escritura como una lámpara de aceite, les vas a enseñar a tus hijos a usarla. Si la Escritura es un artefacto obsoleto, la verás como un objeto a guardar en la gaveta de la mesa de noche.

Es interesante que el salmo no nos pide que encendamos la lámpara o que la protejamos (como ocurre en el museo). No, la lámpara es activa: arroja luz, da dirección, ilumina el camino, el único camino a casa. Esta metáfora nos ayuda a entender la autoridad de la Escritura en términos de luz. Tener la luz no es asunto de imposición, sino de privilegio. Hoy podríamos traducir la misma metáfora como «La Palabra es un bombero que muestra el camino para escapar de las llamas». Si sabes que estás entre las llamas, no te enojas con el bombero que te muestra el camino. Si estás tomando decisiones importantes en cuanto a tu vida, si estás pensando casarte, si no sabes cómo disciplinar a tus hijos, la Palabra es el bombero que nos lleva a salir de las llamas.

Pero la Palabra no es un fin en sí misma. Su propósito final es guiarnos a Cristo, la Palabra encarnada, la verdadera luz que ilumina a todo hombre (Juan 1:9). Toda la Escritura apunta a Jesús: Su vida, muerte y resurrección. Es en Cristo en quien tenemos luz. Cuando seguimos la Palabra, cuando caminamos en Su luz paso a paso, estamos siendo guiados a una relación más profunda con Jesús mismo. Cuando dice: «Yo soy la luz del mundo; el que me sigue no andará en tinieblas, sino que tendrá la luz de la vida» (Juan 8:12), nos muestra que Cristo nos ilumina con Su enseñanza y Su ejemplo. El fin último de la Escritura es iluminar nuestro camino hacia Cristo. Seguir Sus pasos, ser como Él, ser inspirados por Su amor y Sus enseñanzas, llevarnos a los pies de la cruz.

Dios usa la Palabra para mantener a salvo nuestra vida espiritual y nuestra vitalidad espiritual renovada.

Breve análisis

El predicador utiliza el movimiento metafórico y realiza tres maniobras clave:

1. Alineación: ¿Cómo se entiende esta escena hoy en día? ¿Cuáles son las implicaciones/ interpretaciones erradas de esta comprensión?

   El predicador comienza evocando la comprensión moderna de la lámpara de aceite como un artefacto obsoleto, en contraste con nuestras fuentes de luz tecnológicamente avanzadas. Esta alineación destaca cómo nuestra cultura ve la Palabra de Dios como algo irrelevante y anticuado.

2. Corrección: ¿Cómo se debía entender este marco en el mundo de la audiencia original?

   Luego, el predicador nos transporta al mundo del salmista, donde la lámpara de aceite era una necesidad vital en medio de la oscuridad peligrosa. Esta corrección restablece la lógica situacional original de la metáfora, subrayando la necesidad y el valor de la Palabra de Dios.

3. Traducción: ¿Cómo podemos entender los mismos supuestos, evaluaciones, emociones y acciones a través de una escena que sea más fácilmente accesible para la audiencia de hoy?

   Finalmente, el predicador traduce la metáfora a nuestro contexto contemporáneo. Compara la Escritura con un bombero que muestra el camino para salir de un edificio en llamas, una imagen que evoca la urgencia y la autoridad de la Palabra en nuestras circunstancias actuales.

   A través de estas tres maniobras, el sermón no solo busca explicar el significado original de la metáfora, sino que también la hace vívida y relevante para los oyentes de hoy. Esta es una estrategia para predicar metafóricamente: alinear, corregir y luego traducir, permitiendo que una metáfora bíblica antigua cobre vida en nuestro mundo contemporáneo.

EJEMPLO DE SERMÓN 4[67]

Título: Vayan y ¿hagan discípulos? (Justin Paul Rossow)

Texto: Mateo 28:16-20 (NVI)

Luego los once discípulos fueron a Galilea, a la montaña donde Jesús les había dicho que fueran. Cuando lo vieron, lo adoraron; pero algunos dudaron. Entonces Jesús se acercó a ellos y les dijo: «Se me ha dado toda autoridad en el cielo y en la tierra. Por lo tanto, vayan y hagan discípulos de todas las naciones, bautizándolos en el nombre del Padre y del Hijo y del Espíritu Santo, y enseñándoles a obedecer todo lo que les he mandado. Y les aseguro que estaré con ustedes siempre, hasta el fin del mundo».

[¡*Ups*! - Alterar el equilibrio]

¿Has visto alguna vez una línea de ensamblaje de teléfonos celulares? Es un milagro de la eficiencia moderna. Miles de teléfonos idénticos producidos cada día, cada uno ensamblado de la misma manera por trabajadores que realizan tareas especializadas. El proceso está optimizado para la velocidad, la consistencia y el control de calidad. Cada teléfono se mueve a lo largo de una cinta transportadora, pasando por una serie de estaciones donde los trabajadores realizan tareas específicas: instalar la batería, conectar la pantalla, cargar el *software*. Cada trabajador tiene un trabajo especializado, y cada teléfono recibe exactamente el mismo tratamiento. Al final de la línea, tienes filas y filas de teléfonos idénticos, listos para ser empacados y enviados.

En el texto de Mateo que acabamos de leer, el fundamento de este mandato es la autoridad universal de Jesús. Él comienza esta comisión declarando: «Se me ha dado toda autoridad en el cielo y en la tierra». Es desde esta posición de señorío supremo desde donde Jesús nos llama a discipular. Lo que quiero decir es que, inconscientemente, como productos de nuestra cultura, escucharemos el mandato de «hacer discípulos» y por defecto asumiremos una línea de ensamblaje detrás de la Gran Comisión.

La producción en masa es parte del día a día, tanto es así que cuando Jesús dice: «Por lo tanto, vayan y HAGAN discípulos de todas las naciones [...] y yo estaré con ustedes siempre» (énfasis añadido), nosotros que estamos tan familiarizados con la producción en masa, lo escuchamos decir: «Por lo tanto, vayan y produzcan en masa discípulos a partir de las materias primas de las naciones, y yo seré Su supervisor, hasta el fin del mundo».

Cuando eso sucede, cuando escuchamos «hacer discípulos», algunos de los aspectos más importantes de la misión de Cristo al mundo a través de Su Iglesia se pierden. ¿Sabes cómo funciona una línea de ensamblaje en la vida real? En una línea de ensamblaje, el enfoque está en cuán rápido puedes producir exactamente el mismo producto una y otra vez. Para minimizar errores y maximizar la eficiencia, todo está estandarizado; todo se hace exactamente de la misma manera. Desde esta perspectiva de pensamiento, es más efectivo y rentable desechar un producto individual con un problema que tomarse el tiempo para volver atrás y hacerlo bien. La línea de ensamblaje ¡y el supervisor a cargo de dicha línea! no pueden tolerar ninguna desviación de la norma; ¡por eso es tan rápida y eficiente!

Cuando escuchamos «hacer discípulos» en nuestra cultura, es fácil para nosotros entrar automáticamente en «modo producción». Y, dado que la producción en masa es el modo que mejor conocemos, tendemos a transmitir estos mismos tipos de inferencias y valores. No lo hacemos a propósito, pero aun así, los efectos son dañinos.

[¡Jmm! - Analizar la discrepancia]

Si «hacer discípulos de las naciones» se convierte en tomar materias primas y producir un material (discípulo), entonces vamos a querer producir personas que se parezcan a nosotros. El proceso de discipulado se estandariza; una talla única para todos. Debido a que es tan rápida y efectiva, el trabajador de línea tiene una interacción muy intensa y muy limitada con cualquier persona individual. Esto lo vemos reflejado cuando decimos: «el curso de discipulado dura 3 meses».

Según esta lógica, si recibes las materias primas, tu trabajo está hecho una vez que esa persona cruza la puerta de la iglesia. Por otro lado, si tú eres el producto final, un discípulo que ha pasado por el proceso estandarizado de hacer discípulos, en ese caso, ya deberías estar terminado y en funcionamiento, y no sería muy razonable esperar (o necesitar) más apoyo. Podrías recibir algo de soporte técnico ocasionalmente, pero como regla general, una vez que ese producto final sale de la línea, ya está en el mundo y por su cuenta. Esta suposición puede ser una de las razones por las que el aislamiento, especialmente entre los miembros maduros de la iglesia, es una realidad significativa. Ya sea explícita o implícitamente, se supone que los miembros maduros deberían tener las respuestas y poder lidiar con sus problemas.

Según este lente, podríamos concluir que:

- El discipulado ocurre total y exclusivamente a través de los programas de la iglesia.
- El discipulado conduce a una uniformidad completa.
- Tener procesos y cursos es esencial, pero las expectativas de la fórmula estandarizada no encajan perfectamente con lo que veo (al menos en nuestro contexto). La frustración y ciertas dudas sobre la discrepancia entre este tipo de procesos me llevaron a reconsiderar si este marco era bíblico y consistente con la realidad.

En Mateo 28, Jesús pinta un cuadro diferente. Él nos llama a un discipulado que es personal, relacional y que dura toda la vida.

[¡*Ajá*! - Revelar la clave para la resolución]

Mi primer descubrimiento fue que la palabra «discípulo» es un verbo de acción (anécdota: Incluso Microsoft Word lucha contra nosotros. Mi teclado no reconoce «discípulo» como un verbo, así que sugirió que lo cambiara a «disciplinar»). Como es un verbo, discipulamos a otra persona en una forma de creer y vivir su fe. Entonces, discipulamos discípulos, lo cual es incómodo gramaticalmente y quizás una de las razones por las que usamos la frase «hacer discípulos». Pero se pierde algo importante en la traducción. Obtienes una imagen muy diferente cuando cambias «discípulo» y pasa de ser un producto final a la acción principal de «discipular». La acción de discipular es una especie de experiencia de vida compartida. Piensa en cómo Jesús discipuló a Sus discípulos.

Cuando Jesús llama a discipular, vincula esto con enseñarles a obedecer todo lo que ÉL ha mandado. El discipulado, entonces, está arraigado en el propio ministerio terrenal y en la enseñanza de Jesús. Implica guiar a las personas a vivir del mismo modo que Jesús enseñó y ejemplificó: con humildad, servicio, amor y obediencia al Padre en la totalidad de sus vidas.

[¡*Yupi*! - Experimentar el evangelio]

Para Jesús y para la gente de Su época y cultura, la acción de ser un discípulo significaba que tenías una relación fuerte y personal con un maestro, amo o rabino específico. Ser un discípulo era literalmente caminar con, escuchar, comer, dormir y viajar con tu maestro para que sus palabras se convirtieran en tus palabras, su comprensión de las Escrituras en tu comprensión, y su fe en tu fe.

No sucedía de la noche a la mañana. No siempre seguía la misma rutina. El viaje podía ser largo, complicado, pero, por definición, ser un discípulo significaba apegarse al maestro dondequiera que el maestro fuera. Cuando Jesús dice: «¡Miren! ¡Yo estaré con ustedes siempre!», no está prometiendo ser el supervisor de la línea asegurándose de que estés produciendo el tipo correcto de productos de discípulos al ritmo correcto.

No, Él está reafirmando una relación continua de discípulo que significa que has sido invitado a seguirlo, aprendiendo de Él, comiendo con Él, siendo moldeado y formado por Él para que Sus palabras cada vez más se conviertan en tus palabras; para que Su comprensión de las Escrituras cada vez más se convierta en tu comprensión de las Escrituras; para que Su obra y Su carácter, día a día, paso a paso, se reflejen en tu vida, convirtiéndose Él en aquel en quien confías y al que has entregado tu lealtad.

Lo que quiero que veamos es que el viaje o peregrinaje se convierte en la imagen bíblica central del discipulado.

Referencia bíblica	Descripción del discipulado como viaje
Israel	La experiencia física de Israel en el desierto se convierte en el paradigma de la experiencia del discipulado. El mar, las montañas y el desierto proporcionan un desarrollo de carácter que ningún otro entrenamiento puede igualar.
Juan el Bautista	Juan anuncia el camino del Señor.
Jesús	No era nuevo que un rabino tuviera seguidores (por ej., Juan el Bautista y los fariseos). Lo nuevo (o contracultural) era que la enseñanza y la forma de vida de Jesús, especialmente imitándolo en su cruciformidad, se convirtiera en la forma del camino de los discípulos. Es la paradoja de la vida cristiana: fortaleza a través de la debilidad, vida a través de la muerte.
Los apóstoles en Hechos	Los primeros seguidores se identificaron a sí mismos como seguidores del camino del Señor. Ser seguidores se volvió tan central para el movimiento que se convirtió en una etiqueta de autoidentificación. En Hechos, los discípulos abrazan esta cruciformidad: el sufrimiento y seguir a Jesús no son incompatibles.

Las epístolas	Las epístolas describen a los creyentes como caminantes en una peregrinación (como Israel). En Efesios, Pablo describe la conversión, seguida del discipulado, como un cambio de dirección en nuestro camino (Ef. 2:1, 10). Caminar (ser discípulos) es el proceso de convertirnos en quienes ya somos en Cristo. Pablo nos manda a caminar en unidad, santidad, amor, luz y Espíritu. En Hebreos, se llama a los discípulos a correr su carrera, sabiendo que otros lo hicieron, pero más importante, Cristo corrió esta carrera. A medida que siguen a Cristo en su carrera, Cristo perfecciona su fe.

Jesús comenzó el proceso del discipulado, en primer lugar, acercándose a algunos «Juanes», diciéndoles: «Vengan, síganme». Incluso, después de la negación de Pedro, el Señor resucitado lleva a Pedro de vuelta al principio: «No te preocupes por mis planes con Juan: ¡TÚ sígueme A MÍ!» (paráfrasis del autor).

A medida que nos embarcamos en este viaje de discipulado, tenemos una promesa increíble. Jesús concluye Su mandato asegurando: «*Y he aquí yo estoy* con vosotros todos los días, hasta el fin del mundo». El Cristo resucitado y exaltado, que tiene toda la autoridad, promete Su presencia constante mientras hacemos discípulos.

En la Gran Comisión, Jesús reafirma el aspecto esencial de tu experiencia de discipulado: la presencia de tu rabino, la presencia de Jesús. «¡Mira! ¡Yo estoy contigo siempre, hasta el fin del mundo!». Jesús dice: «¡TÚ sígueme A MÍ!» (paráfrasis del autor).

[¡*Sí*! - Imaginar el futuro]

Jesús se vuelve a comprometer a estar presente en tu viaje de discipulado personal, hecho a tu medida. No eres un producto. Y Jesús no quiere que produzcas productos. El mandato de Jesús es: «discipula discípulos de las naciones». De todas ellas. Haz que mi Iglesia se parezca a lo que dice en Apocalipsis: gente de cada tribu, pueblo, nación y grupo lingüístico. Encuentra uno o dos, u ocho o doce, y viaja con ellos. Escúchalos. Habla con ellos. Come con ellos. El viaje podría ser largo, complicado, pero tu trabajo es mantener tu mirada puesta en Jesús. Él es quien está contigo y con ellos hasta el fin del mundo, en cada paso del camino.

Ahora bien, no estoy seguro de que funcionara muy bien que el pastor se convirtiera en compañero de camino de cada nuevo miembro (¡bueno, estoy dispuesto a intentarlo!), pero en realidad tenemos que pensar en una comunidad en un viaje, una comunidad comprometida a seguir a Jesús juntos, que no está tan ocupada o demasiado enfocada en la eficiencia o los resultados como para desviarse de su camino para andar con aquellos que no encajan en el molde, que requieren un esfuerzo adicional, que de otro modo terminarían estropeados en el piso del taller de producción.

Jonathan Edwards enseñó en cierta ocasión: «La tarea de cada generación es descubrir en qué dirección se está moviendo el Redentor soberano y moverse en esa dirección».[68] En otras palabras, se trata de viajar con Dios. El documento más importante del discipulado es la Escritura, y nos proporciona un catálogo de viajes de los cuales podemos aprender. Ciertamente incluye lo que hacemos en la iglesia, con cursos y capacitación. Después de todo, los discípulos necesitan teología, necesitan aprender a Cristo, tener la mente de Cristo. Y hay un lugar para líderes capacitados. Dios ha bendecido a la Iglesia con siervos conforme al corazón de Jesús, pero va más allá de lo que hacemos en la congregación; abarca toda la vida. O, mejor dicho, toda nuestra vida es el aula de Dios. Dios está haciendo más en las vidas de las personas de lo que está haciendo a través del ministerio de la Iglesia.

La característica más importante y contrastante entre la línea de producción y el viaje es quién está a cargo. La línea de producción, los cinco pasos, nos dan la impresión de que nosotros estamos a cargo, mientras que el viaje nos recuerda que somos seguidores. Por eso la pregunta correcta es: ¿Cómo discernimos lo que Dios está haciendo y nos asociamos con Él en ello? Nosotros creemos que la salvación es iniciada por Dios, sostenida por Dios y completada por Dios. Ahora bien, ¿cómo impacta eso en nuestra manera de entender el discipulado? El discipulado es participar en la obra que el Dios trino inició, está sosteniendo y completará en nosotros y en otros en mi comunidad.

Al final, esa comunidad desordenada, confusa, amorosa, pecadora y perdonada va a ser mucho más divertida de tener cerca que un grupo de trabajadores de línea que están deseando terminar su turno y seguir con su fin de semana. Creo que ese es el tipo de comunidad desordenada, confundida, amorosa, pecadora, perdonada y divertida que Jesús quiere que sea Su Iglesia, Sus discípulos, Sus seguidores.

Este es el tipo de discipulado que Jesús modeló y mandó. Está fundamen-tado en Su autoridad, centrado en Sus enseñanzas y empoderado por Su presencia. A medida que abrazamos Su llamado a hacer discípulos, participamos en Su misión continua de ver vidas y comunidades transfor-madas por el poder del evangelio.

Breve análisis

En este sermón, titulado «Vayan y ¿hagan discípulos?», se usa la estructura de Lowry para desafiar la comprensión moderna del discipulado y restaurar su significado en el contexto del pasaje. Este sermón se pudo haber bosquejado de manera tradicional así: (1) Señorío universal: *toda autoridad me es dada en el cielo y en la tierra*; (2) Misión universal: *discipular discípulos de todas las naciones*; (3) Discipulado integral; (4) Presencia eterna: *yo estaré todos los días hasta el fin.* Estos cuatro elementos principales están presentes, tal como se detalla en el desglose de la estructura de Lowry:

1. ¡*Ups*! - Alterar el equilibrio:

Se evoca la línea de ensamblaje de celulares, una metáfora de la producción en masa que es ampliamente familiar para la audiencia moderna. Luego, se sugiere que esta mentalidad de producción en masa ha influido sutilmente en nuestra comprensión del mandato de

Jesús de «hacer discípulos», llevándonos a ver el discipulado como un proceso estandarizado y eficiente de producir seguidores idénticos.

2. ¡Jmm! - Analizar la discrepancia:

Se profundiza en las implicaciones de esta mala comprensión, sugiriendo que conduce a un discipulado uniforme, impersonal y centrado en el programa que deja poco espacio para el crecimiento individual, la comunidad auténtica o la dependencia continua de Dios. Esta sección amplifica el sentido de discrepancia entre nuestra comprensión cultural del discipulado y su verdadero significado bíblico.

3. ¡*Ajá*! - Revelar la clave para la resolución:

Se ofrece la clave para corregir nuestra comprensión defectuosa: reconocer que «discípulo» viene fundamentalmente de un verbo, una acción, no es un producto. Esta perspectiva reorienta nuestra atención de los resultados a la relación, del producto al proceso.

4. ¡*Yupi*! - Experimentar el evangelio:

Se sumerge en el mundo bíblico del discipulado, describiendo la relación cercana, personal y vitalicia entre un discípulo y su rabino. Enfatiza que el discipulado es un viaje compartido de transformación gradual, no un progra-ma de producción instantánea. Esta rica descripción nos permite experimen-tar el atractivo del verdadero discipulado cristiano.

5. ¡*Sí*! - Imaginar el futuro:

Traduce esta comprensión corregida del discipulado a nuestro contexto contemporáneo. Nos invita a imaginar una comunidad de la Iglesia que refleje la diversidad del reino de Dios, que valore el viaje compartido por encima de la eficiencia, y que se desvíe intencionalmente para incluir a aquellos que no encajan en el molde. Esta visión nos ofrece una alternativa contraria a la mentalidad de producción en masa, una mentalidad que encuentra eco en el corazón relacional del evangelio.

¿Cómo se llega a este tipo de análisis? En términos de exégesis, esto implicaría un estudio prestando atención a palabras y frases clave. Así observamos que «hacer» en realidad es el verbo «discipular». Además, un entendimiento más completo también requeriría considerar el contexto más amplio. Mateo 28:16-20 es la conclusión del Evangelio de Mateo, y por lo tanto debe entenderse a la luz de los temas y propósitos generales del libro. A lo largo de su Evangelio, Mateo presenta a Jesús como el Rey mesiánico prometido, cuya vida, muerte y resurrección inauguran el reino de Dios. La Gran Comisión, entonces, no es un *addendum* desconectado, sino el clímax hacia el cual se ha estado construyendo la narrativa. De hecho, la referencia en el versículo 20, *enseñándoles a guardar todo lo que os he mandado,* nos lleva de vuelta a las enseñanzas y el ejemplo de Jesús registrados en los capítulos anteriores de Mateo.

También sería importante considerar el trasfondo cultural del discipulado en el mundo del primer siglo. En la cultura judía y helenística de ese tiempo, un discípulo no era simplemente un alumno en un aula, sino alguien que estaba completamente comprometido a seguir, imitar y representar a su maestro. Esta manera de entenderlo ilumina la naturaleza radical y de toda la vida del llamado de Jesús a hacer discípulos.

Este sermón emplea la misma estrategia que ya usamos en el sermón sobre el Salmo 119:105, con los procesos de alineación con nuestra cultura y de corrección sobre la base de la comprensión del texto. De esta manera, consideramos cómo nuestro modo de entenderlo en la cultura de hoy difiere del discipulado presentado en Mateo 28. En nuestra cultura individualista y orientada a los resultados, puede ser fácil pensar en el discipulado más como un programa o curso a completar, en lugar de como una reorientación de toda la vida. Reconocer este desajuste nos permite regresar al texto con ojos frescos, permitiendo que desafíe nuestra comprensión.

EJEMPLO DE SERMÓN 5[69]

Título: El alfarero

Texto: Salmo 138:8

Eterna, oh Señor, es tu misericordia;
no abandones la obra de tus manos.

Pero ahora, oh Señor, tú eres nuestro Padre. Nosotros somos el barro, y tú eres nuestro alfarero; todos nosotros somos la obra de tus manos. (Isa. 64:8, RVA-2015).

Evocar el ***Origen***

No recuerdo la última vez que vi a alguien trabajar con barro de manera informal, y nunca he estado en el taller de un alfarero. Imagino que tiene una sensación particular; debe de tener un olor particular: el olor de un artista, con los productos químicos, la arcilla húmeda y todo lo que implica el proceso.

Tal vez recuerdes abrir un frasco de plastilina. Hay un olor distinto que acompaña a la arcilla. Ahora bien, está el proceso. Como nunca he estado en un taller de alfarería, me tocó ver un vídeo. Primero, el alfarero comienza golpeando la arcilla sobre una mesa, similar a lo que hace un panadero con su masa. Luego, el alfarero sigue lanzando la arcilla. No entendía por qué. Posteriormente entendí que, a menos que prepares la arcilla, es decir, a menos que saques todo el aire de dentro de ella, se destruirá más tarde en el proceso de cocción. Ahí es donde los golpes, el amasado rudo y el aplastamiento cobran sentido. En el siguiente paso, y luego de haber golpeado bien la arcilla, está listo para poner agua en el torno y en la arcilla, y empezar a bombear... Hay todo tipo de tornos diferentes: algunos tienen pedales, otros son tan grandes que necesitas un par de personas más para hacer girar el torno; y luego pones el pedazo de arcilla justo en el torno mientras gira.

En este paso, el alfarero mete las manos en el agua y hace algo asombroso: se involucra con la arcilla mientras gira. Gira y gira, y como aún está deforme, primero tiene que centrar la arcilla para que no se vaya por todas partes, y luego, mientras la centra, empieza a darle forma y a moldearla. De repente, como por arte de magia, ¡empieza a transformarse ante tus ojos! Luego empuja hacia adentro, si es una vasija. Empieza a empujar, a redondearla, a mantenerla centrada, a darle forma. En todo el proceso, el alfarero se ensucia las manos por completo. Es posible que tengas en tu mente alguna escena como esta: algunos de esos alfareros llevan una especie de overol o delantal lleno de arcilla y suelen tener las manos muy sucias, incluidas las uñas.

En el vídeo, justo cuando pensé que la forma era perfecta, el alfarero toma un alambre y, mientras la vasija gira, pasa el alambre por la parte superior de la vasija. Tira del alambre y quita un trozo de arcilla de la parte superior, creando una vasija de un tamaño diferente al que yo pensaba que iba a hacer.

En otro vídeo, el alfarero toma un tenedor. Es muy sorprendente porque, en mi opinión, tenía una vasija perfecta. De repente, el toma un tenedor, empuja con mucha suavidad para crear una hendidura, y luego, mientras mueve el tenedor arriba y abajo, crea un patrón en la arcilla mientras gira. ¡Increíblemente, frente a tus ojos se está produciendo la transformación de una pieza que ya parecía perfecta en algo que no imaginabas que podría existir!

Luego, cuando terminó, pudo sacar la vasija del torno y dejarla a un lado para la parte final del proceso: hornear, cocer y esmaltar. Si miras alrededor del taller de este alfarero, puedes ver no solo una vasija, sino docenas y docenas de ellas, de diferentes formas y tamaños. Algunas están ahí solo por su belleza, mientras que otras parecen muy funcionales.

¿Y sabes qué? Por mucho que el alfarero se haya volcado en la vasija, la estaba creando con un propósito, para otra persona; para embellecer su hogar, o para ser funcional fuera del estudio del alfarero. Por eso el alfarero creó todas estas vasijas: para que otras personas pudieran disfrutarlas, comprarlas y usarlas en sus casas. Si nunca lo has hecho, te sugiero que te tomes un poco de tiempo para pasear por YouTube y ver algunos vídeos de alfareros moldeando arcilla.

Proyecta al *Destino* (parte 1)

Es asombroso que los textos que leemos hoy en las Escrituras nos señalen una relación entre Dios y nosotros que le dice a Dios: «Tú eres el Alfarero, y yo soy la arcilla». El Salmo 138 es uno de mis favoritos: «Eterna, oh SEÑOR, es tu misericordia; no abandones la obra de tus manos». Lo que has puesto en tu mano para hacer, Dios, lo completarás. Aunque todavía estamos girando en este torno, Tú aún nos estás moldeando y dando forma. Por tu amor, no nos dejarás ir.

¿Has leído Efesios 2:8-10?: «Porque por gracia habéis sido salvados por medio de la fe, y esto no de vosotros, sino que es don de Dios; no por obras, para que nadie se gloríe. Porque somos hechura suya, creados en Cristo Jesús para hacer buenas obras, las cuales Dios preparó de antemano para que anduviéramos en ellas». Así que está la salvación, pero luego también está el discipulado. Y en este discipulado, somos la arcilla en las manos de un Dios amoroso. Por eso podríamos decir que **el discipulado es el proceso de ser conformado a la imagen de Cristo, para la gloria y satisfacción del Alfarero y el bien de los demás.**

El discipulado es un «proceso». Dios está a cargo del proceso, y no tú; ¡y eso es una buena noticia! Si pienso en mis habilidades para esculpir, puedo remontarme quizás al primer grado. Ahí es donde mis habilidades de escultura dejaron de desarrollarse. Es una buena noticia que no esté yo a cargo de mi propio camino de discipulado porque de lo contrario no obtendría más que el intento de un niño de primer grado. Pero Dios es quien está a cargo del proceso, y eso es una buena noticia.

Por cierto, es un proceso, no es un interruptor de luz. El discipulado no es algo que enciendes o apagas. Toma tiempo. Así que, si estás luchando con algo en tu vida, si estás harto de caer en el mismo pecado semana tras semana, y estás a punto de tirar la toalla y rendirte, recuerda que lleva tiempo. Dios aún no ha terminado contigo. El Alfarero está trabajando en ti, moldeándote, dándote forma.

El discipulado es un proceso; un proceso que se desarrolla a lo largo del tiempo. Así que, si estás al principio del proceso, puede que se produzcan algunos cambios importantes rápidamente. Y si llevas un tiempo, si tienes años o incluso décadas siguiendo a Jesús, recuerda que el Alfarero aún no ha terminado contigo. Dios sigue dándote forma y moldeándote. Puede que hoy te parezcas mucho más a una vasija de lo que te parecías hace treinta años cuando empezaste, pero el Alfarero no ha terminado con nosotros aún.

No importa cuánto tiempo lleves viniendo regularmente a adorar, no importa cuánto tiempo lleves buscando a Dios en Su Palabra, ni cuánto tiempo lleve el Espíritu de Jesús obrando en tu corazón, sabes que todavía hay algo más que Dios tiene que darte y formar en ti. Y esa es una de las alegrías de este viaje de discipulado, de este «proceso de ser conformado a la imagen de Cristo».

Cuando el alfarero se sienta a crear una vasija, no lo hace al azar. No dice «Vamos a ver qué sale». El alfarero tiene una visión en mente, un propósito y un plan, y se propone dar forma y moldear esa arcilla hasta que se parezca a su diseño, hasta que cumpla con su intención. El alfarero experto tiene un plan. Como tiene en mente lo que quiere que parezca la vasija, es capaz de hacer cambios que, desde fuera, parecen bastante drásticos. A veces parece que todo se ve perfecto desde nuestra percepción. Y, en ocasiones, lo que Dios hace parece que está arruinando las cosas, pero luego, con el tiempo, concluimos: ¡Dios tenía algo inimaginable en mente!

Romanos 8:29 nos dice que «a los que de antemano conoció, también los predestinó a ser hechos conformes a la imagen de su Hijo». En otras palabras, cuando Dios te mira, trozo de arcilla, y empieza a dar forma y moldear tu vida, ¿sabes qué tiene en mente al Alfarero divino? A Jesús. El Alfarero tiene en mente la compasión y el corazón de Jesús por los demás, el sacrificio y la disposición de Jesús a ser obediente al Padre, Dios quiere que te parezcas un poco más a Jesús esta semana.

Eso significa que puedes confiar en lo que Dios está haciendo porque el Alfarero es un artista experto, con un plan: Dios quiere que te parezcas más a Jesús. El plan del Señor es ir a todos esos lugares de nuestra vida que menos se parecen a Jesús, para darles forma y moldearlos.

Por eso es bueno que yo no esté a cargo de mi propio camino de discipulado, porque los aspectos en los que menos me parezco a Jesús son los que me gustaría tapar y esconder. No quiero cambiarlos; de hecho, me siento bastante cómodo con ellos. Me refiero a los llamamos «pecados favoritos» por alguna razón. Los alimentas y los llevas con correa, esperando que no te muerdan, porque te gustan. Pero Dios dice: «Espera un minuto. Hay una parte de tu vida, Oscar, que no se parece a Jesús. Déjame meter mis manos ahí...».

Eso es un consuelo, especialmente cuando ocurren cosas que no entendemos, cuando nos sentimos como arcilla golpeada por el Alfarero, o cuando ocurren cosas difíciles en nuestra vida o en nuestro camino de discipulado y queremos tirar la toalla y decir: «Dios, ¿qué estás haciendo? ¿Por qué dejaste que esto pasara?». Cuando nos convertimos en la arcilla que le dice al Alfarero: «¿En qué estabas pensando, Alfarero?», es entonces cuando es un consuelo saber que el Artista experto tiene un plan en mente: Dios quiere que te parezcas más a Jesús.

Es un consuelo saber que Dios no se mantiene alejado de tu vida, especialmente en los momentos difíciles. Dios rechaza un enfoque de discipulado a control remoto, en el que ÉL está en algún lugar muy arriba, presionando algunos botones o tirando de algunas palancas detrás del telón para que las cosas sucedan en tu vida. En cambio, en la persona y obra de Jesús y por el obrar del Espíritu, Dios se remanga la camisa, se pone un delantal de artista, mete Sus dedos divinos en el agua y se involucra con tu vida como un alfarero, trabajando con un trozo de arcilla que gira en el torno. Tienes un Dios amoroso con las manos sucias.

Si miras un video de YouTube, observa el rostro del alfarero, porque mientras él da forma y moldea, toda su atención está en lo que está haciendo, en la vasija. Si el alfarero se atreve a hacer algo como tomar un trozo de alambre o un tenedor para esa arcilla, no lo hace con la cabeza girada, mirando en la otra dirección; el alfarero concentra toda su atención en la arcilla. Y justo cuando estamos siendo moldeados más drásticamente es cuando el alfarero está más comprometido que nunca. Cuando tu vida parece que se está saliendo de control, los ojos divinos están enfocados en ti; las manos divinas están tocando tu vida. Cuando Dios permite algo difícil en tu vida, ÉL usa esa dificultad para hacerte parecer más a Jesús, puedes confiar en que tu Alfarero no te ha abandonado. La razón es sencilla: tienes un Dios amoroso con las manos sucias.

De eso trata todo el mensaje de la encarnación. Cuando Dios da forma y moldea las vidas de personas reales, termina con las manos sucias. Vino al mundo igual que tú y yo. Jesús caminó. No tenía coche. No tenía bicicleta. A donde quiera que iba lo hacía andando, y sus pies se ensuciaban, y sus piernas se cansaban, y tenía hambre; incluso, a veces, se agotaba. Jesús sabe lo que es estar junto a la tumba de un amigo y llorar; Jesús sabe lo que es ser traicionado por alguien en quien confiabas. Jesús estuvo dispuesto a ensuciarse las manos.

Jesús se ensució las manos cuando tocó a una mujer que era ceremonialmente impura por culpa de una enfermedad; Jesús se ensució las manos cuando hizo barro y lo puso en los ojos de un ciego de nacimiento para sanarlo. Jesús se ensució las manos cuando se arrodilló y lavó los pies de Sus discípulos; se ensució las manos cuando se las clavaron a la áspera madera de una cruz.

Dios no estaba dispuesto a jugar a distancia con tu camino de discipulado. Dios se remangó y, en Jesús, tocó tu vida para moldearte y formarte en amor. Eres precioso; has sido comprado por un precio, el sufrimiento y la muerte del Hijo de Dios. Tienes un Dios amoroso con las manos sucias.

Probar los límites

¡Pero cuidado con lo siguiente! Hay algo que la imagen del Alfarero y la arcilla podrían representar mal. Si estás en el estudio de un alfarero, solo ves este tipo de trozo de arcilla; y aunque vale algo, cuesta mucho más después de haber sido tocado por las manos del alfarero. Pero en la economía de Dios, en la forma en que Dios trata el arte, no puedes ser más precioso después de haber sido moldeado que antes de serlo. Fuiste comprado por un precio. No eres un trozo de arcilla anónimo. Dios te amó y te conoció desde antes de que vinieras a este mundo. Dios no te da forma y moldea para que seas digno de un poco más de amor. Dios no te da forma y moldea para que seas digno de un poco más de perdón. Dios no te da forma y moldea para que, una vez que te parezcas un poco más a Jesús, puedas ser salvo. No: eres salvo por gracia mediante la fe en Jesús, quien murió en la cruz por tus pecados. Y ahora que eres precioso a los ojos de Dios, Dios te da forma y te moldea. Dios no te moldea para amarte; Dios te moldea porque te ama.

Proyectar al ***Destino*** **(Parte 2)**

Lo interesante de todo esto es que el moldeado por el que tienes que pasar como seguidor de Jesús no es para ti. El alfarero no produce docenas y docenas de vasijas para ponerlas en su estante y encerrarlas en su tienda para que nadie las use o las vea de nuevo. El discipulado es un «proceso de ser conformado a la imagen de Cristo para la gloria y satisfacción del Alfarero y el bien de los demás». Tus amigos necesitan que te parezcas un poco más a Jesús esta semana. Tu familia necesita que te parezcas un poco más a Jesús esta semana. Tus compañeros de trabajo y tus vecinos necesitan desesperadamente que, día a día, te parezcas un poco más a Jesús mientras les sirves, amas e interactúas con ellos. Es un proceso que lleva tiempo, pero Dios está cambiando tu vida, no solo por ti, sino por las personas que te rodean.

Explorar la vida a través de un nuevo lente

Una vez que entiendes que el discipulado es un proceso, que Dios tiene el control, y que tu Alfarero tiene a Jesús en mente en el proceso de moldeado, puedes mirar tu vida y decir: «Incluso en los momentos difíciles, me consuela que el Alfarero está conmigo y tiene Sus manos sucias».

Las cosas difíciles, como la crianza de los hijos, de repente adquieren un nuevo significado. Recuerdo que solía pensar en la crianza de los hijos (y debo confesar que en ocasiones aún lo pienso) como simplemente intentar sobrevivir. Ya sabes, «Tengo que pasar por esto...», «No se van a quedar pequeños toda la vida». Vi este anuncio de los años 80 que intentaba crear conciencia sobre el embarazo adolescente, y mostraba a una chica de secundaria, con una chaqueta deportiva, sosteniendo a un bebé, con esta especie de mirada de asombro en su rostro. El título decía: «Es como estar castigada durante 18 años». Obviamente, entiendo que están tratando de comunicar las consecuencias del embarazo adolescente en los términos que un estudiante de secundaria pudiera entender.

Más allá de intentar sobrevivir a la crianza de los hijos, la crianza es como Dios nos usa para dar forma y moldear a nuestros hijos, para transmitirles nuestra fe, para ayudarles a aprender a orar, para ayudarles a tener una actitud de corazón que los traiga a Jesús en los momentos de necesidad. En aquel momento pensaba que solo funcionaba en una sola dirección, que yo era el que daba forma a mis hijos. Y luego me di cuenta de que Dios estaba usando a mis hijos para moldearme.

Si bien es cierto que los hijos captan la actitud de nuestro corazón más de lo que me gustaría admitir, también es cierto que Dios usa incluso los momentos difíciles de la crianza para transformar nuestra vida. Cuando experimentas enojo en tus relaciones familiares y tienes que resolver la situación, ahí está Dios moldeándote. Cuando tienes que entrar en la habitación de un niño de 3 años y decir: «Lo siento, eso no estuvo bien, y te amo», eso da forma a tu corazón y a tu mente. Cuando tienes que volver una y otra vez a la habitación de tu hijo adolescente, que ama tus abrazos, pero no siempre le gusta tu opinión; cuando tratas de entender los procesos que él vive, Dios le está dando forma a tu corazón. Es en esos momentos cuando puedes ver el persistente amor de tu Padre. Tus relaciones familiares, incluso cuando son difíciles, están siendo usadas por Dios para dar forma y moldear tu vida de fe.

Esto puede ocurrir con algo maravilloso como la crianza de los hijos. Pero es aún más palpable cuando enfrentamos el sufrimiento, algo que no formaba parte del plan original de Dios, pero que es parte del mundo quebrantado y pecaminoso en que vivimos.

Piensa en Álex, quien fue diagnosticado con cáncer. Y necesito decirte que el cáncer es un mal, es algo que Dios desprecia. Aun así, incluso algo tan terrible como el cáncer puede ser usado en las manos de un alfarero experto para dar forma y moldear para la gloria de Dios y para ayudar a las personas que te rodean. De modo que Álex, mientras pasaba por ese proceso, estaba siendo moldeado y formado. Y cuando salió al otro lado, algunas personas comenzaron a preguntarle: «¿Cómo no "maldijiste a Dios y moriste" en medio de tu quimioterapia?». La oración de Álex siempre fue: «Si esta enfermedad o este tratamiento están destinados a moldearme o formarme, por favor, Dios, no te detengas hasta que hayas terminado. No quiero volver a pasar por esto nunca más. Por mal que me sienta y por mucho que duela, por favor, termina lo que empezaste, rápidamente».

Es un clamor del corazón que dice: «¡Esto es horrible! ¡Esto es terrible! ¡Lo odio! Y si, Dios, estás usando esto para moldearme y formarme, entonces mantenme aquí todo el tiempo que necesites, pero hazlo rápido». Álex pudo ver incluso el cáncer como algo que Dios podía usar para dar forma y moldear su vida de fe. Eso en sí mismo es un milagro. Hoy está libre de cáncer, pero te diría que parte de ese milagro de sanación es lo que ocurrió en su corazón mientras era moldeado y formado por Dios.

No sé dónde estás esta semana. No sé si estás más cerca de quererte quitar la cabeza por los niños y la crianza, o si estás más cerca de perder el cabello por la quimioterapia. No sé dónde estás en ese espectro de posibilidades. No sé lo que te traerá esta semana que te haga decir: «Dios, ¿qué estás haciendo? ¿Por qué estás trayendo esto a mi vida?». Pero te invito a llevar esta imagen del alfarero contigo durante la semana y a orar, incluso en los momentos difíciles: «Dios, no puedo verlo, no sé lo que estás haciendo, pero confío en Ti. Confío en Tu plan. Y en Tu presencia. Moldéame y fórmame para ser más como Jesús». Es como orar el Salmo 138: «Eterna, oh SEÑOR, es tu misericordia; no abandones la obra de tus manos».

Breve análisis

En este sermón titulado «El Alfarero» se emplea la estructura del movimiento metafórico para explorar la relación entre Dios y Su pueblo, utilizando la metáfora bíblica del alfarero y la arcilla. Aquí tienes un análisis de la estructura y las estrategias del predicador:

1. **Evocar el *Origen*.** El predicador comienza evocando vívidamente la escena de un alfarero trabajando con arcilla. Apela a los sentidos de la audiencia, describiendo los olores, las texturas y las acciones físicas involucradas en la alfarería. Esta descripción detallada sumerge a los oyentes en el mundo de la metáfora, preparándolos para las conexiones espirituales que se harán.

   Estrategia clave: el uso de detalles sensoriales y la narración en primera persona crean una experiencia inmersiva para la audiencia, haciendo que la metáfora cobre vida.

2. **Proyectar al *Destino* (parte 1).** Luego, el predicador conecta la imagen del alfarero con la relación de Dios con Su pueblo. Cita pasajes bíblicos clave (Sal. 138, Ef. 2) que emplean esta metáfora, estableciendo su fundamento bíblico. Luego, comienza a trazar paralelos entre el proceso de la alfarería y el discipulado cristiano, enfatizando que ambos son un proceso gradual guiado por un maestro experto.

   Estrategia clave: al anclar la metáfora en textos bíblicos específicos, el predicador establece su legitimidad teológica. Su movimiento gradual de la imagen literal a la aplicación espiritual permite a la audiencia seguir la lógica de la metáfora.

3. **Probar los límites.** El predicador interrumpe el flujo de la metáfora para abordar una posible concepción errónea: que nuestro valor a los ojos de Dios depende de cuánto hemos sido moldeados. Enfatiza que somos preciosos para Dios incluso antes de que comience el proceso de moldeo, porque fuimos comprados por un precio. Esta aclaración es crucial para evitar una teología de obras.

Estrategia clave: al abordar proactivamente una posible mala interpretación, el predicador demuestra sensibilidad pastoral y entendimiento teológico. Este movimiento ayuda a la audiencia a evitar conclusiones erróneas basadas en una proyección completa, en vez de parcial, de la metáfora.

4. **Proyectar al *Destino* (Parte 2).** Habiendo establecido el valor intrínseco del creyente, el predicador ahora cambia para enfatizar que el moldeado de Dios no es solo para nuestro beneficio, sino para el beneficio de los demás. Esta perspectiva reorienta el discipulado de un enfoque individualista a uno comunitario y misional.

   Estrategia clave: al extender la metáfora de maneras inesperadas, el predicador desafía las nociones egocéntricas de la formación espiritual. Este giro amplía la visión de la audiencia del propósito del discipulado.

5. **Explorar la vida a través de un nuevo lente.** En la sección más larga del sermón, el predicador aplica la metáfora a una variedad de situaciones de la vida real: paternidad, luchas familiares, incluso una batalla contra el cáncer. En cada caso, invita a la audiencia a interpretar estos desafíos no como interrupciones aleatorias, sino como oportunidades para que Dios nos moldee a la semejanza de Cristo. Esta perspectiva ofrece esperanza y propósito en medio del dolor.

   Estrategia clave: al explorar múltiples escenarios a través del lente de la metáfora, el predicador demuestra su versatilidad y relevancia. Su vulnerabilidad al compartir historias personales hace que las aplicaciones sean más convincentes y fáciles de relacionar.

EJEMPLO DE SERMÓN 6

Título: Pandemia invisible

Texto: Mateo 9:9-13

Problema en el mundo

Vivimos en un mundo plagado de enfermedad. Desde el resfriado común hasta enfermedades crónicas y terminales, la enfermedad es una realidad ineludible de la existencia humana. Es un recordatorio constante de nuestra fragilidad, nuestra mortalidad. Y cuando nos enfrentamos a la enfermedad, buscamos desesperadamente un médico. Alguien que pueda diagnosticar nuestro problema, prescribir un tratamiento, ofrecer esperanza de curación. Si vivimos en Estados Unidos, la atención médica es un lujo, disponible solo para aquellos que pueden pagarla. Así que, muy probablemente no vamos al médico porque es sumamente costoso. En países como el Reino Unido tenemos el privilegio de un sistema nacional de salud, donde la atención médica está disponible para todos, independientemente de su capacidad de pago. En ese contexto, no es asunto de pago, sino más bien de pereza y cobardía.

El texto de hoy nos pone frente a una cruda realidad: el pecado ha afectado a toda la humanidad y ha desatado una pandemia. Al igual que una enfermedad física, el pecado nos debilita, nos incapacita. Afecta cada parte de nuestro ser: nuestros pensamientos, nuestras emociones, nuestras relaciones. Nos separa de Dios y de los demás. Y si se deja sin tratar, conduce a la muerte no solo física, sino espiritual, una eterna separación de Dios.

La peor parte de la enfermedad es cómo nos engaña. A menudo minimizamos su gravedad. Nos comparamos con otros y nos convencemos de que estamos «bastante sanos». Nos volvemos expertos en ocultar nuestros síntomas, en presentar una fachada de rectitud mientras la enfermedad nos carcome por dentro.

En nuestra cultura, esta negación toma muchas formas. Celebramos la autosuficiencia y el éxito individual, como si pudiéramos superar nuestros problemas por pura fuerza de voluntad. Medicamos nuestro dolor con placeres pasajeros y distracciones, en lugar de buscar una verdadera sanidad. Incluso, en la iglesia, a veces le recetamos a la gente más actividades para que puedan sanar.

Pero, como el salmista David reconoció, Dios «es el que perdona todas tus iniquidades, el que sana todas tus enfermedades» (Sal. 103:3). Desde la perspectiva bíblica, el pecado y la enfermedad están intrínsecamente conectados. Ambos son el resultado de vivir en un mundo caído, nos afectan en lo más profundo y requieren intervención divina para una verdadera sanidad.

Problema en el texto

Esto es exactamente lo que vemos en el encuentro de Jesús con los fariseos en Mateo 9. Los fariseos eran los expertos religiosos de su época, los guardianes de la ley de Dios. Se enorgullecían de su rectitud y de su separación de todo lo que consideraban impuro.

Así que, cuando ven a Jesús comiendo con recaudadores de impuestos y pecadores, es escandalizan. En su mente, un verdadero hombre de Dios no se asociaría con tales personas «enfermas». La santidad, según pensaban ellos, requería separación de los impuros. Pero no veían que su actitud en sí misma era un síntoma de su enfermedad espiritual. Su orgullo y autosuficiencia los había cegado a su propia necesidad de un médico. Como el fariseo en la parábola de Jesús, podían orar: «Dios, te doy gracias porque no soy como los demás hombres, estafadores, injustos, adúlteros, ni aun como este recaudador de impuestos» (Luc. 18:11). Pero esta misma oración revelaba cuán lejos estaban de la verdadera justicia. En su afán por evitar la contaminación, los fariseos se estaban perdiendo la oportunidad de ser tocados por la gracia sanadora de Dios. En realidad, se aferraban a su propia justicia para evitar enfrentar su necesidad de misericordia.

La metáfora

Es en este contexto cuando Jesús ofrece una respuesta asombrosa. Cuando los fariseos lo critican por comer con pecadores, Él responde: «Los que están sanos no necesitan médico, sino los que están enfermos [...]. Porque no he venido a llamar a justos, sino a pecadores» (Mat. 9:12-13).

Con estas palabras, Jesús revela algo profundo sobre Su identidad y misión. En el Antiguo Testamento, Dios mismo es descrito como el Gran Médico, el sanador de Israel. Él es el que declara: *Yo soy Jehová tu sanador* (Ex. 15:26, RVR1960). Al asumir este papel, Jesús está afirmando Su deidad. Está declarando que Él es el Dios que sana.

Sin embargo, Jesús también está redefiniendo lo que significa ser «sano» y «enfermo». Para los fariseos, tales estados eran determinados por cumplir con la ley y la separación ritual de los impuros. Pero para Jesús, la verdadera enfermedad es el pecado, y la verdadera salud es una relación restaurada con Dios. Desde esta perspectiva, los fariseos, a pesar de toda su rectitud religiosa, están tan enfermos como los recaudadores de impuestos y pecadores que desprecian. Esta es una verdad que todos necesitamos escuchar. Ninguno de nosotros está más allá de la necesidad de la gracia sanadora de Dios. Ninguno de nosotros puede declararse verdaderamente «sano» aparte de Cristo. Como Pablo reconoció: «No hay justo, ni aun uno» (Rom. 3:10).

Solución en el texto

La buena noticia es que Jesús no ha venido a condenar a los enfermos, sino a sanarlos. Esto es lo que vemos en Su interacción con Leví, el recaudador de impuestos. Cuando Jesús lo llama a seguirlo, no condiciona su aceptación a cuán grande es el cambio moral de Leví. Más bien, en Su gracia, Jesús extiende el llamado y la comunión primero, sabiendo que Su amor transformará a Leví desde dentro.

Y es exactamente lo que sucede. Leví deja todo (su lucrativa carrera, su estatus social, su antigua vida) para seguir a Jesús. Luego, en un movimiento extraordinario, organiza un gran banquete para sus amigos recaudadores de impuestos y pecadores. Habiendo experimentado el toque sanador de Jesús, Leví inmediatamente busca traer a otros al Médico divino. En esta acción, vemos el corazón de la misión de Jesús. Él no vino a llamar a los autosuficientes, sino a los quebrantados. No vino para los sanos, sino para los enfermos. Su gracia se extiende gratuitamente a todos los que reconocen su necesidad.

Solución en el mundo

Hermanos y hermanas, esta es la buena noticia que nuestro mundo desesperadamente necesita escuchar. No somos salvos por nuestra propia justicia, sino por la gracia de nuestro Gran Médico. No somos amados porque somos sanos, sino que somos sanados porque somos amados.

Entonces, ¿cómo respondemos a esta gracia? Primero, debemos admitir nuestra enfermedad. Debemos reconocer nuestra necesidad de Cristo. Esto puede ser incómodo. Puede ir en contra de todo lo que nuestra cultura nos dice sobre valernos por nosotros mismos, pero es esencial para recibir la sanidad que Jesús ofrece.

Segundo, debemos abrazar nuestra nueva identidad como pacientes sanados. Somos los que han sido llamados de la oscuridad a la luz, de la enfermedad a la salud. Esta identidad debe transformar cada aspecto de nuestra vida. Al igual que Leví, debemos estar listos para seguir a Jesús en una vida de discipulado. Esto puede significar cambios radicales: nuevas prioridades, nuevas relaciones y nuevos propósitos.

Y tercero, debemos convertirnos en conductos de la gracia sanadora de Cristo para otros. Habiendo experimentado el toque del Gran Médico, estamos llamados a traer a otros a Él. Esto puede significar cruzar fronteras, asociarnos con los marginados y ofrecer esperanza a los rechazados. No siempre será fácil. A veces seremos malentendidos, como lo fue Jesús. A veces seremos criticados, como Jesús lo fue.

Conclusión

En un mundo plagado por la enfermedad del pecado, Jesús es el médico que necesitamos. Él es el cumplimiento de la promesa de Dios de sanar a Su pueblo. Él es el que llama a los pecadores y come con los quebrantados.

Así que, si has estado resistiéndote al diagnóstico, si has estado tratando de manejar tu pecado por tu cuenta, escucha el llamado de Jesús hoy. No tienes que pretender tener todo resuelto. No tienes que esconder tus luchas. Simplemente, ven a Jesús y permite que Su gracia te sane.

Breve análisis

En este sermón titulado «Pandemia invisible» se emplea la metáfora del pecado como enfermedad y a Cristo como médico para revelar la condición humana y la misión de Jesús. A través de una estructura de problema-solución que se traslada del mundo al texto y de vuelta al mundo, se guía a la audiencia a un encuentro transformador con la gracia sanadora de Cristo. Aquí tienes un análisis de la estructura y las estrategias del predicador:

1. **Problema en el mundo.** El sermón comienza destacando la realidad universal de la enfermedad física, evocando experiencias que son inmediatamente reconocibles para la audiencia. Luego traza un paralelismo entre la enfermedad física y la enfermedad espiritual del pecado, argumentando que esta última es aún más grave y penetrante. Esta alineación entre la experiencia cotidiana y la realidad espiritual prepara el escenario para las nociones bíblicas que vendrán.

   Estrategia clave. Al comenzar con un punto de contacto universal (enfermedad física), el predicador hace que el concepto más abstracto de pecado sea tangible y relevante. Su descripción de los efectos del pecado crea un sentido de urgencia y necesidad.

2. **Problema en el texto.** Luego, el predicador nos transporta a la escena bíblica de Mateo 9, donde la interacción de Jesús con los

fariseos y los recaudadores de impuestos ilumina las dinámicas de la enfermedad espiritual. Destaca cómo el orgullo y la autosuficiencia de los fariseos les impiden ver su propia necesidad de un médico, mientras que los «enfermos» son receptivos a la gracia de Jesús. Esta yuxtaposición expone los peligros del fariseísmo.

Estrategia clave: al enfocarse en las actitudes contrastantes de los fariseos y los recaudadores de impuestos, la narrativa bíblica se hace relevante. La audiencia es llevada a reflexionar sobre su propia postura espiritual.

3. **La metáfora (reorientación).** En el corazón del sermón, el predicador se sumerge en las profundidades de la declaración metafórica de Jesús: «Los que están sanos no tienen necesidad de médico, sino los que están enfermos». Destaca cómo esta declaración no solo describe la misión de Jesús, sino que también revela Su identidad como el Dios sanador encarnado. Además, la metáfora desafía las nociones superficiales de salud espiritual, reorientando nuestra comprensión de la santidad como una relación restaurada con Dios, en lugar de un legalismo externo.

   Estrategia clave: al desempacar las múltiples capas de significado en la metáfora de Jesús, esta se convierte en un lente a través del cual se reinterpreta toda la condición humana.

4. **Solución en el texto.** El predicador luego regresa a la narrativa bíblica, enfocándose ahora en la respuesta de Leví al llamado de Jesús. La transformación de Leví de recaudador de impuestos a seguidor de Jesús, y su impulso inmediato de traer a otros a Cristo, proporciona una ilustración vívida de cómo se manifiesta la gracia sanadora en acción. Esta historia da vida a las afirmaciones teológicas abstractas.

   Estrategia clave: la historia de Leví ofrece un modelo de cómo podría ser la transformación para la audiencia.

5. **Solución en el mundo.** En la sección final, el predicador aplica metódicamente las percepciones de la metáfora a la vida de los oyentes. Destaca tres respuestas a la gracia: admitir nuestra

enfermedad, abrazar nuestra nueva identidad y convertirnos en conductos de sanidad para los demás. Cada aplicación fluye persuasivamente de la lógica de la metáfora, proporcionando pasos prácticos sin ser reduccionistas.

Estrategia clave: al ofrecer aplicaciones tanto personales como orientadas hacia el exterior, el predicador presenta una visión holística de la vida transformada. Su tono es a la vez desafiante y esperanzador, urgente y alentador.

EJEMPLO DE SERMÓN 7

Título: El crecimiento milagroso del reino de Dios (Justin Paul Rossow)

Texto: Marcos 4:26-29

> *Decía también: El reino de Dios es como un hombre que echa semilla en la tierra, y se acuesta y se levanta, de noche y de día, y la semilla brota y crece; cómo, él no lo sabe. La tierra produce fruto por sí misma; primero la hoja, luego la espiga, y después el grano maduro en la espiga. Y cuando el fruto lo permite, él enseguida mete la hoz, porque ha llegado el tiempo de la siega.*

1.a **Involucrar la parábola en sus propios términos**

¿A qué se parece el reino de Dios? ¿Cómo podemos entender su naturaleza y su forma de operar? En Marcos 4:26-29, Jesús nos ofrece una ventana a este misterio a través de la parábola de la semilla que crece en secreto.

En esta parábola, Jesús presenta a un hombre que esparce semilla en la tierra. Luego, sin importar si este hombre está despierto o dormido, de día o de noche, la semilla comienza a brotar y crecer, aunque él no sabe cómo. La tierra produce el fruto por sí misma: primero el tallo, luego la espiga, después el grano lleno en la espiga. Cuando el fruto está maduro, el hombre mete la hoz, porque ha llegado el tiempo de la cosecha.

Ahora, pongámonos en el lugar de los oyentes originales de Jesús. En una sociedad agraria, esta historia les habría resultado muy familiar. Todos habrían entendido el ritmo paciente del agricultor y la misteriosa vitalidad de las semillas. También habrían reconocido que, en última instancia, el crecimiento de la cosecha está fuera del control del agricultor. Él planta y cosecha, pero es el poder inherente de la semilla y de la tierra lo que produce el fruto. La parábola nos presenta un proceso que toma tiempo. El crecimiento no ocurre de la noche a la mañana. Es gradual. Avanza a su propio ritmo, siguiendo etapas específicas: primero el tallo, luego la espiga, después el grano maduro.

Otro aspecto fascinante de esta parábola es el misterio que hay en el corazón del crecimiento. El agricultor planta la semilla y cosecha el grano, pero lo que ocurre en medio es un milagro que él no puede explicar. La semilla germina y crece, pero «cómo, él no lo sabe». Hay un misterio aquí, un recordatorio de que el crecimiento de la semilla trasciende la comprensión y el control humanos.

Sin embargo, aunque el agricultor no puede controlar o entender completamente el proceso, tiene un papel crucial que desempeñar. Él es el que planta la semilla y el que mete la hoz cuando el grano está maduro. Su trabajo es esencial, aunque el milagro del crecimiento en sí mismo está más allá de su control.

1.b Usar la parábola para ver la actividad de Jesús en el texto

¿Alguna vez se han preguntado con desánimo cómo está avanzando el reino de Dios en medio de nuestros sufrimientos y luchas? ¿Se han sentido frustrados, e incluso decepcionados, cuando no ven mucho fruto en sus propias vidas a pesar de sus esfuerzos por ser fieles a Cristo? Si es así, no son los únicos. Estos son interrogantes que de seguro la comunidad original de Marcos se estaba haciendo. Y esta es probablemente la razón por la que se cuenta esta parábola.

Esta parábola sigue inmediatamente a la del sembrador, que trata sobre cómo diferentes personas responden al mensaje del reino. Por lo tanto, la parábola de la semilla que crece en secreto podría servir para animar a aquellos que son parte del buen terreno, quienes han recibido el mensaje de ser pacientes y seguir confiando.

Dado que escribe a una comunidad cristiana que está sufriendo, a lo largo de su Evangelio, Marcos presenta a Jesús enfrentando malentendidos, rechazos y hostilidad, incluso de Sus propios discípulos. Ante la pregunta «¿Vale la pena todo este sufrimiento?, porque hay mucho esfuerzo y poco avance», la respuesta es «Sí». Así como el reino se manifestó en la persona de Jesús en medio del sufrimiento, de la misma manera Dios está obrando.

¿Qué nos está revelando Jesús sobre el reino de Dios a través de esta parábola? En primer lugar, nos muestra que el reino de Dios tiene un poder inherente para crecer y dar fruto. Así como la semilla contiene el potencial para convertirse en una planta fructífera, así el reino de Dios tiene dentro de sí la capacidad para expandirse y transformar vidas. Este crecimiento no depende en última instancia de los esfuerzos humanos, sino del poder de Dios.

Este poder transformador del reino de Dios se ve claramente a lo largo de las Escrituras. Pensemos en la historia de Saulo, el perseguidor de la Iglesia, quien llegó a ser un gran apóstol (Hech. 9). O consideremos la transformación de la ciudad de Nínive después de la predicación de Jonás (Jonás 3). Estas historias ilustran cómo, cuando se planta la semilla, esta tiene el poder de cambiar vidas y comunidades de maneras que trascienden las expectativas humanas.

Y este poder transformador no está limitado a los tiempos bíblicos. A lo largo de la historia de la Iglesia, y aún hoy en día, vemos evidencias del crecimiento milagroso del reino de Dios.

Pensemos en las historias de grandes avivamientos, donde comunidades enteras fueron transformadas por el poder del evangelio. O consideremos los testimonios de individuos cuyas vidas han sido radicalmente alteradas por un encuentro con Cristo: antiguos adictos liberados de la esclavitud de las drogas, matrimonios rotos restaurados, personas sin esperanza que encuentran un nuevo propósito en la vida. Estos ejemplos contemporáneos nos recuerdan que el reino de Dios no es una realidad lejana o abstracta, sino una fuerza viva y activa en nuestro mundo hoy.

En segundo lugar, la parábola nos enseña sobre la necesidad de paciencia y confianza en la obra del reino. Al igual que el agricultor debe esperar pacientemente a que la semilla crezca y madure, así nosotros debemos esperar con fe a que el reino de Dios se despliegue según su propio calendario. No podemos forzar su crecimiento ni exigir resultados instantáneos. En cambio, se nos llama a confiar en que Dios está trabajando, incluso cuando no podemos ver o entender completamente lo que Él está haciendo.

La parábola sugiere que Dios invita a Su pueblo a participar en la obra de Su reino. Al igual que el agricultor tiene un papel que desempeñar en plantar y cosechar, aunque no puede controlar el crecimiento en sí, del mismo modo Dios nos da un papel en el avance de Su reino, aunque el resultado final depende de Él. Somos llamados a plantar fielmente las semillas del evangelio, a nutrir el crecimiento donde podamos, y a regocijarnos en la cosecha que Dios produce.

Pero más allá de simplemente animar a los creyentes a ser pacientes, esta parábola también nos revela algo profundo sobre la naturaleza del reino de Dios y el papel de Dios en él. Notemos cómo comienza la parábola: «El reino de Dios es como...». Esto sugiere que lo que sigue nos dará una idea de cómo es este reino y cómo opera. Y lo que vemos es que, en este reino, es Dios quien tiene el control. Así como el agricultor no puede controlar o entender completamente el crecimiento de la semilla, así el avance del reino de Dios no depende, en última instancia, de los esfuerzos o estrategias humanas. Más bien depende de la soberanía de Dios y del poder inherente del mensaje del reino.

2.a **Usar la parábola para ver la actividad de Jesús en nuestra vida**

¿Cómo podemos, entonces, aplicar las verdades de esta parábola a nuestra propia vidas? La parábola nos invita a reflexionar sobre nuestra propia experiencia del reino de Dios. ¿Dónde hemos visto evidencia de su crecimiento en nuestra vida y en la vida de quienes nos rodean? ¿Podemos testificar de momentos en los que la semilla del evangelio, plantada en nuestro corazón quizás hace mucho tiempo, de repente floreció y dio fruto?

Al mismo tiempo, la parábola desafía, en nuestro mundo moderno, los constantes mensajes sobre el éxito y el logro personal. Nos dicen: «Tú tienes el control de tu propio destino», «Tienes que reinventarte». El relato predominante es que, con suficiente esfuerzo, determinación y quizás un poco de suerte, podemos lograr cualquier cosa que nos propongamos. Pero ¿qué pasa cuando aplicamos esta mentalidad a nuestra vida espiritual y al crecimiento del reino de Dios? ¿Qué pasaría si reescribiéramos la parábola de Marcos 4:26-29 según esta lógica, poniéndonos a nosotros como los agentes en control?

El reino de Dios es como un hombre que esparce semilla en la tierra. Él tiene un plan maestro para su campo. Ha investigado las mejores técnicas de siembra, ha comprado las mejores semillas y fertilizantes, y ha trabajado incansablemente para preparar el suelo. Después de plantar, monitorea de cerca el campo, midiendo la humedad del suelo, ajustando los niveles de nutrientes y protegiendo las plantas jóvenes de las plagas y las malas hierbas. Gracias a su diligencia y experiencia, la semilla brota y crece, primero el tallo, luego la espiga, después el grano maduro en la espiga. Cuando la cosecha está lista, él la recoge, satisfecho de que su arduo trabajo ha dado sus frutos.

A primera vista, esta versión de la parábola puede parecer atractiva. La parábola celebra el ingenio, el trabajo duro y la eficiencia humana; sugiere que, con la suficiente planificación y esfuerzo, podemos lograr resultados espirituales de la misma manera que logramos resultados profesionales o materiales. Sin embargo, hay varios problemas con esta perspectiva. Primero, pasa por alto el misterio y la maravilla inherentes al crecimiento. Trata el desarrollo espiritual como un proceso mecánico que puede ser manipulado y controlado, en lugar de como un milagro que trasciende la comprensión humana. Segundo, coloca una carga aplastante sobre nuestros hombros. Si el éxito del reino depende de nuestros esfuerzos, siempre estaremos angustiados por la posibilidad del fracaso y consumidos por la necesidad de hacer más. Pero lo más importante es que esta perspectiva le roba a Dios Su lugar apropiado como fuente de todo crecimiento y progreso espiritual. Sugiere que nuestros propios esfuerzos, en lugar de la gracia y el poder de Dios, son el factor determinante en el avance del reino.

En contraste, la parábola nos invita a reconocer los límites de nuestro propio control y nuestra propia comprensión. El agricultor de la parábola de Jesús no sabe cómo crece la semilla; crece sin su dirección ni manipulación. Esto no niega la importancia de nuestros esfuerzos (después de todo, el agricultor planta y cosecha), pero los coloca en su contexto apropiado. Somos colaboradores de Dios, no controladores del proceso. Esta perspectiva es a la vez humillante y liberadora. Nos recuerda que, en última instancia, no tenemos el control, que no podemos forzar el crecimiento espiritual en nosotros mismos ni en otros. Al mismo tiempo, nos libera de la carga de tener que producir nosotros solos los resultados.

La parábola nos invita a descansar en la fidelidad de Dios, confiando en que Él completará la buena obra que ha comenzado. Y, lo que quizás es más importante, nos llama a asombrarnos una vez más por el milagro del crecimiento. Cuando reconocemos que la transformación espiritual es en última instancia obra de Dios, vivimos con expectativa y asombro. No vemos el crecimiento como un logro que conquistar, sino como un misterio que debe ser recibido con gratitud.

Esta parábola nos recuerda que no siempre veremos o entenderemos lo que Dios está haciendo. Al igual que el crecimiento de la semilla es misterioso para el agricultor, los caminos de Dios a menudo son misteriosos para nosotros. Habrá momentos en los que parezca que nuestras oraciones no son respondidas, que nuestros esfuerzos no dan fruto. Podemos enfrentar desafíos y contratiempos que nos dejan perplejos y desanimados. Pero Dios siempre está obrando.

Pensemos en la historia del etíope eunuco en Hechos 8. Felipe, obedientemente, siguió la guía del Espíritu y compartió el evangelio con este hombre, pero luego el Espíritu se llevó a Felipe y nunca vio el fruto de este encuentro. Sin embargo, la tradición nos dice que este eunuco regresó a Etiopía y plantó las semillas del evangelio allí, lo que finalmente llevó al crecimiento de una fuerte iglesia en ese lugar. O consideremos la historia de Adoniram Judson, un misionero en Birmania en el siglo XIX. Trabajó durante años sin ver un solo convertido, enfrentando enormes dificultades y tragedias personales. Sin embargo, al final de su vida, había miles de creyentes y cientos de iglesias en Birmania. Estas historias nos recuerdan que incluso cuando no podemos ver cómo Dios está trabajando, Él sigue obrando según su propio calendario perfecto.

Confiar en que Dios está trabajando, incluso cuando no podemos verlo, requiere una perspectiva a largo plazo. El crecimiento del reino, como el crecimiento de una planta, toma tiempo. Requiere paciencia, perseverancia y fe. No siempre veremos resultados inmediatos, pero podemos confiar en que, en el tiempo de Dios, habrá una cosecha. Esta perspectiva puede darnos la fortaleza para seguir sembrando, para seguir sirviendo, para seguir creyendo, incluso cuando los resultados no son evidentes de inmediato. Nos recuerda que nuestra esperanza no está en resultados instantáneos, sino en la fidelidad de un Dios que ha prometido llevar a cabo su obra hasta su cumplimiento.

Este principio lo capta con gran belleza el apóstol Pablo cuando dice: «Yo planté, Apolos regó, pero Dios ha dado el crecimiento». Pablo reconoce que es Dios quien da el crecimiento. Entender esto, sin duda, sostuvo a Pablo mientras abría camino como pionero en lugares estériles y adversos. Pero también sirve como antídoto contra la tendencia de basar el ministerio en los agricultores. Esta verdad también erradica el favoritismo o la división basada en lealtades a líderes humanos: « Yo soy de Pablo, yo de Apolos, yo de Cefas, yo de Cristo». El crecimiento lo da Dios.

2.b Usar la parábola para ver nuestra actividad en el mundo

Además de aplicar esta parábola a nuestra propia vida, también podemos usarla como un lente a través del cual ver y entender nuestra actividad en el mundo. Si creemos que el reino de Dios está creciendo y expandiéndose, incluso cuando este crecimiento no siempre es visible, ¿cómo podría esto dar forma a nuestra manera de interactuar con el mundo que nos rodea?

En primer lugar, la parábola puede inspirarnos a buscar oportunidades para plantar semillas del reino en todas las esferas de influencia en que Dios nos ha puesto. Podemos buscar formas de mostrar el amor de Cristo en nuestros lugares de trabajo, en nuestras escuelas, en nuestras comunidades. Esto puede implicar actuar con integridad en nuestras transacciones comerciales, extender la mano a los marginados en nuestra comunidad, o abogar por la justicia en situaciones de opresión. Podemos orar por aquellos que nos rodean, buscar oportunidades para servir y testificar, confiar en que Dios usará nuestros pequeños actos de fidelidad de maneras que pueden exceder nuestras expectativas.

En segundo lugar, cuando enfrentamos obstáculos o resistencia, o vemos que ciertas ideologías están ganando terreno en las leyes y en la sociedad, la parábola nos recuerda que el resultado final no depende de nosotros. Dios tiene el control de Su reino. Él es el que produce la cosecha. Nuestro papel, aunque significativo, es finalmente secundario. No somos los salvadores del mundo, sino siervos del Dios que salva. Debería llenarnos de asombro y gratitud que Dios nos permita participar en Su obra redentora en el mundo. Qué privilegio es ser colaboradores de Dios, verlo obrar a través de nuestras imperfectas pero fieles acciones al ver avanzar Su reino.

CONCLUSIÓN

Que la parábola de la semilla que crece en secreto nos anime y nos desafíe hoy. Que nos llene de asombro y reverencia ante el poder milagroso de Dios que está obrando en y a través de Su reino. Este es un poder que trasciende nuestras limitaciones y supera nuestras expectativas. El poder del reino de Dios está obrando en nuestra vida y en nuestro mundo, a menudo de maneras ocultas, pero siempre con el propósito de hacer nuestro mundo florecer bajo el reinado de Cristo.

Así que sigamos plantando, sigamos regando, sigamos esperando.

BREVE ANÁLISIS

Este sermón, «El crecimiento milagroso del reino de Dios», está basado en la parábola de la semilla de mostaza de Marcos 4:26-29. Aquí mostramos cómo se desarrolla siguiendo la tabla para analizar parábolas:

1.a **Involucrar la parábola en el texto en sus propios términos**

El predicador comienza evocando la escena agrícola de la parábola, invitando a la audiencia a imaginar el proceso de plantar, esperar y cosechar. Se destacan elementos clave como el misterio del crecimiento, la paciencia del agricultor y las etapas del desarrollo de la semilla. Esta sección ayuda a la audiencia a entrar en el mundo narrativo de la parábola y a captar su lógica interna.

1.b **Usar la parábola para ver la actividad de Jesús en el texto**

Luego, el predicador considera cómo esta parábola habría impactado su audiencia original y qué les estaba enseñando Jesús sobre la naturaleza del reino de Dios. Se sugiere que la parábola estaba destinada a alentar a los discípulos a ser pacientes y a tener confianza, incluso cuando el crecimiento del reino no era inmediatamente visible. También se enfatiza el poder inherente de la semilla del reino y el papel del divino «agricultor». Esta sección sitúa la parábola en su contexto bíblico.

2.a **Usar la parábola para ver la actividad de Jesús en nuestra vida**

Pasando a la aplicación contemporánea, el predicador invita a la audiencia a considerar cómo la parábola reorienta nuestra comprensión del crecimiento espiritual. En lugar de un enfoque de «hazlo tú mismo», que pone la responsabilidad del resultado en nuestros esfuerzos, la parábola nos llama a un enfoque de confianza y fidelidad, reconociendo que Dios es el que da el crecimiento. Se ofrecen ejemplos de cómo esto puede aliviar la ansiedad y fomentar la esperanza en nuestras luchas personales.

2.b **Usar la parábola para ver nuestra actividad en el mundo.**

Finalmente, el predicador explora cómo esta parábola podría dar forma a nuestra actividad en el mundo como agentes del reino de Dios. Nos invita a buscar oportunidades para «plantar semillas», ya sea a través de actos de bondad, testimonio fiel o búsqueda de justicia. Al mismo tiempo, nos libera de la carga de controlar los resultados, lo que nos permite confiar el crecimiento a Dios. También fomenta una visión a largo plazo y una resiliencia arraigada en el poder y el propósito final de Dios.

A lo largo del sermón, vemos un movimiento desde la exploración del mundo de la parábola misma a su significado en su contexto bíblico original, a su aplicación en nuestra experiencia personal contemporánea, y finalmente a sus implicaciones para nuestra misión en el mundo. Esta progresión sigue fielmente la estructura sugerida en nuestra tabla para analizar las parábolas.

Conclusión de la Parte II

En la segunda parte de este libro nos hemos adentrado en la fase de extracción y refinamiento de nuestra expedición minera metafórica. Equipados con nuestro conocimiento de la teoría de la metáfora, hemos aplicado estos principios a la tarea práctica de la predicación.

A través de estrategias como los cuatro movimientos metafóricos, hemos aprendido a extraer los tesoros de las metáforas bíblicas para que moldeen la estructura de algunos sermones. Hemos evocado la escena *Origen*, proyectado a la escena *Destino*, explorado la vida a través de nuevos lentes y observado los límites, todo con el objetivo de desencadenar una transformación real en la vida de nuestros oyentes.

En el proceso hemos descubierto que la predicación metafórica es tanto un arte como una ciencia. Requiere la habilidad de un artesano y la sensibilidad de un poeta, todo enraizado en la disciplina de un estudioso. Nos llama a estar atentos tanto a los contornos del texto como a los anhelos del alma humana, y a tejer estos hilos en un tapiz de verdad y belleza.

Pero quizás lo más importante que hemos aprendido es que la predicación metafórica no depende, en última instancia, de nuestra habilidad, sino del poder de Dios. Cuando nos sumergimos en el mundo metafórico de la Escritura, cuando permitimos que le dé forma a nuestra imaginación y cuando proclamamos sus verdades con audacia y gracia, estamos participando en la obra transformadora del Espíritu Santo en medio de Su pueblo.

Así que, mientras cerramos este libro, lo hacemos con un sentido de asombro y anticipación: asombro por los tesoros que hemos descubierto en las páginas de la Escritura y en el proceso de la predicación; y anticipación por las formas en que Dios usará estos tesoros para enriquecer a Su Iglesia y hacer avanzar Su reino.

Conclusión del libro

A lo largo de las páginas de este libro exploramos el fascinante mundo de las metáforas bíblicas y su relevancia para la predicación. Vimos que las metáforas no son meros adornos retóricos, sino poderosas herramientas que dan forma a nuestra percepción de la realidad, estructuran nuestro pensamiento y evocan emociones profundas. Son ventanas a la verdad divina, puentes a la experiencia humana y medios de transformación.

Aprendimos a reconocer y analizar metáforas, trazando la transferencia de la lógica situacional de una escena *Origen* a una escena *Destino*. Consideramos cómo funcionan diferentes tipos de metáforas (ilustrativas, espaciales, ontológicas, extendidas) en el discurso bíblico. También reflexionamos sobre cómo el evento cristológico reinterpreta y transforma las metáforas del Antiguo Testamento.

Pero quizás lo más significativo es que descubrimos cómo emplear metáforas en nuestra propia predicación. Examinamos los cuatro movimientos homiléticos sugeridos por la teoría de la metáfora: evocar la escena *Origen*, proyectar a la escena *Destino*, explorar la vida a través de un nuevo lente y observar los límites. Analizamos cómo estos movimientos pueden enriquecer una variedad de estructuras de sermones.

En última instancia, la predicación metafórica no se trata de imponer un marco ajeno a la Escritura, sino de discernir y desplegar las metáforas que ya operan dentro del texto bíblico. Se trata de invitar a nuestros oyentes a habitar el mundo imaginativo de la Escritura, a experimentar la Palabra no solo como información para procesar, sino como una realidad para vivir. Es permitir que las metáforas bíblicas estimulen nuestra imaginación, purifiquen nuestros afectos y transformen nuestras acciones a la imagen de Cristo.

Al final, la predicación metafórica no es una técnica que debemos dominar, sino una invitación a maravillarnos de nuevo, a encender nuestro asombro y nuestra adoración, y a participar más plenamente en la obra vivificante del Espíritu. Es un llamado a encontrarnos con el Dios vivo en Su Palabra, y a guiar a otros a ese mismo encuentro transformador.

Apéndice 1
Paso a paso con Efesios 1:13-14

Reconstruyamos la escena

Paso 1: Identifica los elementos centrales.

Tomemos el concepto de υἱοθεσία (adopción) como ejemplo. Un análisis del escenario muestra los siguientes elementos:

Para la adopción en el mundo romano del primer siglo, los elementos centrales serían:

- ¿Quién? ¿Y qué está haciendo? Padre adoptivo (hombre adulto mayor, que quiere un heredero);
- ¿Para quién? Adoptado (hombre adulto que es adoptado);
- ¿Cómo? - Medios/Ayudantes. Padre biológico (padre biológico del adoptado, debe dar consentimiento);
- ¿Cómo? - Medios/Ayudantes. Proceso legal y formal vinculante (*vindicatio, mancipatio*).

¿Existe una escena de adopción en Israel? No, la ley judía enfatiza el linaje de sangre (por ejemplo, la ley del levirato) en lugar de la adopción. Cuando en el Antiguo Testamento aparece la idea de adopción, como en los casos de Moisés y Ester, ocurre fuera del territorio israelita. Además, en ambos casos, la adopción que tenemos es de niños desprotegidos. En el Antiguo Testamento, hay posibles alusiones a la adopción en la relación especial de Israel (Ex. 4:22) o de la promesa sobre el descendiente prometido a David (2 Sam. 7:14; Sal. 2:7). Por esa razón, lo más probable es que el escenario que evoca la palabra «adopción» para Pablo y su audiencia sea la práctica del mundo romano.

Paso 2: Ponle nombre a la categoría.

Es importante darle al escenario un nombre apropiado y sucinto que exista en el idioma original (en hebreo o griego). En este caso, el escenario es «Adopción». En el mundo grecorromano, el propósito de la adopción (*adoptio*) era perpetuar el nombre, la propiedad y los ritos religiosos de la familia.[70]

Paso 3: Describe los elementos del escenario.

En el mundo romano, la adopción era una institución bien conocida, especialmente entre las familias de élite.[71] La adopción servía para mantener la estabilidad familiar y asegurar la sucesión fluida del poder entre generaciones cuando no había un heredero natural disponible o apto. Por esta razón, las mujeres y los bebés no solían ser adoptados.[72] El padre adoptivo, que generalmente era mayor, adoptaba a un heredero adulto para dar continuidad al linaje familiar. El adoptado a menudo provenía de una familia de menor estatus. Se requería el consentimiento legal del padre biológico para romper los lazos legales previos, y a partir de ese momento, la antigua identidad de la persona adoptada dejaba de existir.

Es interesante notar que la forma de adopción más conocida en el primer siglo tenía lugar en el contexto de la sucesión imperial. Básicamente, la adopción se convirtió en una estrategia política: elegir un heredero calificado a través de la adopción en lugar de dejar la sucesión al azar biológico. Nerón es un caso puntual. A pesar de que se crio en un entorno desfavorecido, Nerón prosperó después de que el emperador Claudio se casara con su madre y luego lo adoptara como sucesor.[73] Pero lo que era fundamentalmente central en el caso de la adopción por parte del emperador es que implicaba que la deidad te estaba eligiendo como heredero político calificado. El emperador era visto como «hijo de dios». Además, se encargaba de que estas adopciones imperiales se promulgaran en monedas, inscripciones y otra propaganda imperial (las redes sociales de su tiempo). En ocasiones, el rostro del emperador aparecía de un lado de la moneda y el rostro de la deidad en el otro.[74]

Paso 4: Comprender las relaciones es fundamental.

Es esencial identificar con precisión las interacciones necesarias entre los participantes en el escenario bajo estudio. Erin Heim explica que el padre adoptivo tenía los recursos y la autoridad para otorgar el favor, mientras que el adoptado tenía la necesidad y la obligación de corresponder apropiadamente. Este desequilibrio de poder era intrínseco al sistema. El proceso incluía una declaración formal (*vindicatio*) del padre adoptivo reclamando al adoptado como su hijo elegido. Luego ocurría una transferencia simbólica de autoridad (*mancipatio*), cuando el padre adoptivo compraba al adoptado del padre biológico por un precio nominal.

Los procedimientos requerían la validación de un tribunal de justicia para garantizar su legalidad. Una vez finalizado, el adoptado asumía el nombre del padre adoptivo, dejaba su antigua identidad y obtenía todos los derechos como heredero a efectos de herencia. El objetivo era la integración completa del adoptado en la nueva familia, otorgándole los mismos derechos que a los hijos biológicos.[75]

En resumen, la adopción romana estaba centrada en los intereses del padre adoptivo, que buscaba un heredero adecuado para dar continuidad al linaje familiar y administrar la riqueza. Era un proceso legal y formal que integraba completamente al adoptado en la nueva familia, otorgándole todos los derechos y privilegios.

Paso 5: Establece la lógica de la situación.

Esta lógica es fundamental para determinar cuáles son las expectativas, los resultados y las acciones esperadas. En el caso de la adopción romana, la lógica situacional estaba centrada en los intereses de los padres adoptivos: obtener un heredero para dar continuidad al linaje familiar y administrar la riqueza. No se trataba tanto del bienestar del adoptado como de encontrar a alguien adecuado para recibir los privilegios y deberes de la herencia.

Descifremos la metáfora de la adopción

Paso 1: Evoca la escena *Origen.*

La escena *Origen* es la adopción en el mundo romano del primer siglo. Los elementos clave son:

- Un padre adoptivo, por lo general un hombre mayor sin heredero adecuado.
- El adoptado, un hombre adulto, a menudo de familia de menor estatus.
- Un proceso legal formal (*vindicatio, mancipatio*) para transferir la autoridad paternal.
- Una relación nueva, donde el adoptado obtiene todos los derechos y privilegios de un hijo biológico.
- La lógica de la situación gira en torno a asegurar la continuidad familiar y la sucesión de la propiedad. La adopción era una transacción estratégica más que un acto de compasión.

Paso 2: Proyecta a la escena *Destino.*

La escena *Destino* es la relación de los creyentes con Dios. Los elementos específicos que se transfieren son:

- Dios como el Padre adoptivo que elige y predestina.
- Los creyentes como adoptados, que obtienen un nuevo estatus y herencia.
- Cristo como el medio legal para la transferencia de autoridad y bendiciones.

- El Espíritu como sello, que garantiza la permanencia de la nueva relación.
- Esta proyección destaca la iniciativa de Dios, el cambio radical en la posición de los creyentes, y la seguridad de su nuevo estatus.

Paso 3: Explora con un nuevo lente

Ver la relación con Dios a través de la lente del adopción romana:

- Perspectiva: enfatiza el movimiento de alienación a pertenencia, de esclavitud a filiación. Destaca la nueva identidad de los creyentes.
- Evaluaciones: resalta la naturaleza inmerecida e incondicional de la nueva relación. Es un acto de pura gracia, no basado en méritos.
- Emociones: evoca seguridad (como formar permanentemente parte de la familia de Dios), intimidad (acceso cercano al Padre) y dignidad (privilegio de ser un heredero).
- Acciones: sugiere vivir de una manera que honre el nuevo estatus y refleje bien al Padre. Implica usar la herencia para los propósitos de la familia.
- Esta perspectiva desafía las nociones de ganarse la aceptación de Dios o estar inseguros de nuestra posición. Refuerza nuestra completa dependencia de la gracia y nuestro profundo privilegio como hijos de Dios.

Considerar aspectos incongruentes:

Varios aspectos de Efesios 1:3-14 resultan sorprendentes e incongruentes cuando se ven a través del lente de la adopción romana:

- Dios, el Padre, ya tiene un heredero perfectamente adecuado en Cristo. Esto contrasta con la principal razón para la adopción romana: obtener un heredero cuando no hay uno adecuado. Aún más asombroso, Dios da a Su propio Hijo para hacer posible la adopción de personas inadecuadas. La crítica del filósofo pagano Celso al cristianismo es significativa. Celso despreciaba el cristianismo por considerarlo una religión detestable y servil que solo atraía «a necios, plebeyos y estúpidos, a esclavos, mujerzuelas y chiquillos».[76]

La adopción divina no está motivada por la necesidad, sino por la pura gracia. Esta habría sido una noción escandalosa e incluso ridícula para muchos en el mundo grecorromano.

Sin embargo, en Cristo, el privilegio previamente exclusivo de la filiación divina se extiende a todos los creyentes, independientemente de su género, edad o posición social. Esta inclusión radical es un poderoso testimonio de la naturaleza transformadora de nuestra adopción.

- La muerte de Cristo es central para esta adopción (Ef. 1:7). En la adopción romana, la muerte del padre o del hijo no era parte del proceso. La implicación es que los adoptados no necesitan ser simplemente liberados de una deuda, sino que tienen contra ellos una deuda capital por el pecado, lo cual implica la muerte del Hijo de Dios, el heredero idóneo.

  Esto subraya la increíble magnitud del costo que Dios está dispuesto a asumir para hacernos Sus hijos.

- Los creyentes son adoptados en la propia familia de Dios, no en una familia terrenal. Están siendo adoptados por el Padre celestial, el Rey del universo. Este era el estatus reservado exclusivamente para el emperador, ahora extendido a mujeres, esclavos y niños. Esto eleva la adopción a un nivel completamente nuevo de privilegio e intimidad.

Notar lo que falta o lo que la metáfora no dice:

Aunque la metáfora de la adopción es inmensamente rica, puede minimizar algunos aspectos de nuestra relación con Dios:

- La adopción enfatiza un cambio de estatus legal, pero puede pasar por alto la transformación interna. Otras metáforas, como el nuevo nacimiento (Juan 3) o ser una nueva creación (2 Cor. 5:17), captan más este aspecto de renovación interior.

- La adopción se centra en nuestra relación con Dios como Padre, pero puede descuidar nuestra relación con Cristo como hermano y coheredero. Metáforas como ser miembros del cuerpo de Cristo (1 Cor. 12) o ser la novia de Cristo (Ef. 5) equilibran esto resaltando nuestra conexión con Cristo mismo.
- La metáfora de la adopción, llevada al extremo, podría sugerir que no tenemos una relación realmente natural con Dios, sino solo legal. Imágenes como ser nacidos de Dios (1 Jn. 3:9) o ser partícipes de la naturaleza divina (2 Pedro 1:4) afirman nuestra verdadera afinidad e integración en la familia de Dios.

Como toda metáfora, la adopción proporciona una perspectiva parcial sobre nuestra relación con Dios. Complementada por otras metáforas bíblicas, nos puede guiar a una comprensión completa y equilibrada de nuestra identidad en Cristo.

A continuación, te presento un cuadro a modo de lista de verificación que puedes incluir al final de la Parte I. Este cuadro resume los aspectos clave discutidos en esa sección, para que el intérprete pueda asegurarse de haberlos considerado al estudiar una metáfora bíblica:

Aspecto	
Identificar la escena *Origen* y *Destino:* ¿cuál es la escena *Origen* de la metáfora (el concepto más concreto o que se usa para hablar del *Destino*)? ¿Cuál es el *Destino* (el concepto más abstracto que se está describiendo)?	

Analizar la lógica situacional: ¿cuáles son los roles y guiones esperados en la escena *Origen*? ¿Cómo se proyectan estos elementos en la escena de *Destino*? ¿Qué inferencias o expectativas se transfieren?	
Considerar el trasfondo cultural: ¿cómo se entendía y se experimentaba la escena *Origen* en el contexto cultural original?	
Identificar el tipo de metáfora	
Ilustrativa: ¿la metáfora está ilustrando o aclarando un concepto?	
Espacial: ¿la metáfora utiliza relaciones espaciales (arriba/abajo, dentro/fuera) para estructurar y hablar de un concepto polarizado (inclusión vs. exclusión)?	
Extendida: ¿la metáfora se desarrolla a lo largo de un pasaje extenso, incluso todo un libro?	
Explorar la intertextualidad	
En el mismo libro	
En otros libros de la Biblia	
Considerar el impacto de Cristo	

Reinterpretación de metáforas del Antiguo Testamento	
Jesús como intérprete definitivo	
Nuevas metáforas del nuevo pacto	
Discernir los efectos de la metáfora	
En la perspectiva	
En las evaluaciones: ¿la metáfora sugiere un juicio o valoración moral de la situación?	
En las emociones: ¿qué respuesta emocional evoca la metáfora al llevar, inconscientemente, a la audiencia a ver una situación o persona desde el lente de la metáfora?	
En las acciones: ¿la metáfora indica o motiva un determinado curso de acción?	
Identificar giros inesperados: ¿hay un cambio repentino en la dirección de la metáfora que arroja nueva luz sobre el tema?	
Notar incongruencias: ¿la metáfora yuxtapone ideas dispares de una manera sorprendente?	

Buscar expresiones antitéticas: ¿hay declaraciones aparentemente contradictorias que expresan una verdad a través de la paradoja?	

Al marcar cada casilla puedes proceder con confianza, sabiendo que has explorado la riqueza y profundidad de la metáfora bíblica. Esta lista de verificación no pretende ser exhaustiva, pero sí cubrir muchos de los aspectos clave discutidos en la Parte I.

Apéndice 2
¿Cómo crear tus propias metáforas?

Introducción

Las metáforas pueden ser muy efectivas en la predicación. Una metáfora puede hacer que una idea abstracta sea más concreta; crear conexiones emocionales con la audiencia y ofrecer nuevas perspectivas sobre verdades bíblicas que ya nos son familiares. Aunque muchas metáforas ya son parte del escenario bíblico, el predicador en ocasiones necesita desarrollar sus propias metáforas para ilustrar un punto o aplicar un texto a su contexto particular.

Este apéndice ofrece un proceso paso a paso para ayudarte a crear tus propias metáforas. La idea es que aprendas a identificar el concepto clave (si es para ilustrar un punto) o la idea central (si es para todo el sermón); generar posibles metáforas; evaluar su relevancia y desarrollarlas para un mayor impacto. ¡Si eres un predicador novato, o experimentado, dominar el arte de la metáfora te tomará tiempo, pero mejorará significativamente tu comunicación!

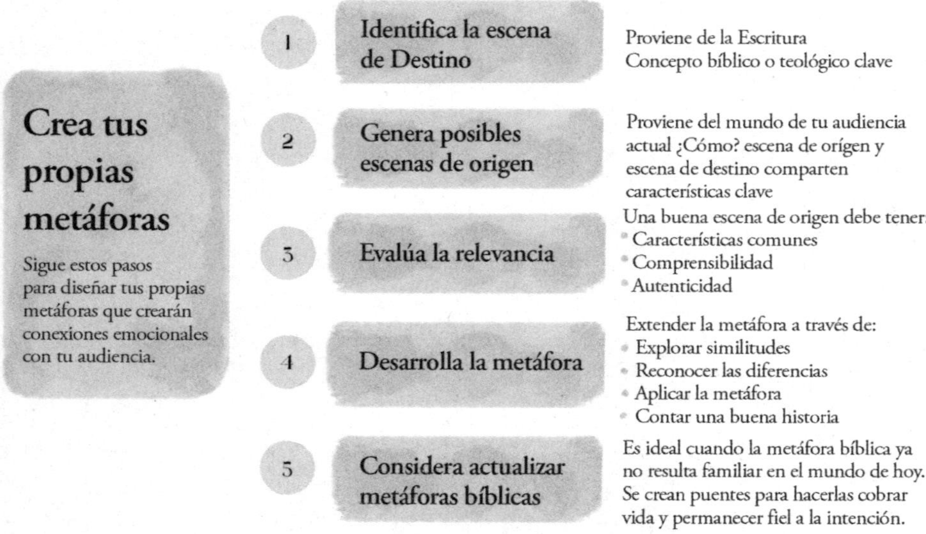

Paso 1: Identifica el concepto clave (la escena *Destino*)

El primer paso para crear una metáfora eficaz es determinar el concepto bíblico o teológico principal (la escena *Destino*) que quieres ilustrar o desarrollar. Este concepto podría ser una doctrina (pecado, santificación), un principio (perdón, obediencia), o incluso una metáfora bíblica existente que quieres actualizar o recontextualizar para tu audiencia (el cuerpo de Cristo, vivir como hijos de luz). Más adelante abordaré el tema de la actualización de las metáforas bíblicas, así que por el momento me enfocaré en la creación de metáforas nuevas.

Si estás creando una metáfora completamente nueva, enfócate en el concepto bíblico o teológico central que quieres ilustrar. Sé lo más específico posible. En lugar de un tema amplio como «oración», podrías centrarte en «perseverar en oración» o «la oración como lucha espiritual». Es importante que consideres la esencia del concepto. ¿Se trata de transformación? ¿Conexión? ¿Poder? Identifica las palabras y frases clave que expresan el significado central que deseas comunicar. Estas se convertirán en la base para encontrar las posibles escenas *Origen*.

Paso 2: Genera múltiples escenas *Origen*

Con tu concepto o idea central identificados, es hora de generar posibles escenas *Origen*, las imágenes concretas o experiencias que usarás para ilustrar el concepto o la idea central (escena *Destino*). Una de las mejores maneras de hacerlo es pensar en las cosas con las que tu concepto (escena *Destino*) comparte características clave.

Por ejemplo, si tu concepto es «perseverar en oración»:

- ¿Qué otras actividades requieren persistencia incluso cuando es difícil? (Escalar una montaña, correr un maratón).
- ¿Qué crece o se desarrolla lentamente con el tiempo? (Una semilla hasta llegar a ser un árbol, una oruga hasta transformarse en mariposa).
- ¿Qué implica una lucha o resistencia? (Un soldado en batalla, remar contra la corriente).

Genera tantas escenas *Origen* potenciales como puedas, incluso si algunas parecen un poco descabelladas al principio. A menudo, las escenas *Origen* más memorables vienen de conexiones inesperadas. Evita metáforas predecibles u obvias. El objetivo es ofrecer una perspectiva fresca, no repetir clichés.

Paso 3: Evalúa la relevancia

Una vez que tengas una lista de posibles escenas *Origen*, es hora de evaluarlas para determinar cuáles tienen más probabilidades de tener sentido para tu audiencia y comunicar el significado con mayor eficacia. Para cada escena *Origen*, hazte las siguientes preguntas:

- ¿Comparte la misma lógica situacional para ser una escena *Origen* útil o las conexiones son superficiales o forzadas?
- ¿Agregará claridad al concepto o lo hará más confuso? La metáfora debe iluminar, no oscurecer.
- ¿Será significativa para mi audiencia específica? Considera factores como la edad, el contexto cultural, la ubicación geográfica.

Por ejemplo, una metáfora sobre la pesca en alta mar puede no conectar con habitantes de tierra adentro que nunca han visto el océano.

- ¿Ya tiene fuertes asociaciones que podrían distraer o contradecir el concepto? Las metáforas evocan escenas mentales; asegúrate de que las que evoca encajan con el mensaje que deseas comunicar.

Cuantas más características una metáfora comparta con el concepto, cuanto más fácil sea de entender, y cuanto más auténticamente resuene con las experiencias de tu audiencia, más eficaz será para la predicación. Elige la opción que mejor cumpla con estos criterios.

Paso 4: Desarrolla la metáfora

Una vez que hayas seleccionado tu mejor escena *Origen*, es hora de desarrollar y extender la metáfora. Aquí es donde realmente le das vida y maximizas su potencial comunicativo. Algunas formas de hacerlo son:

- Explora las similitudes en detalle. ¿De qué maneras específicas el concepto (escena *Destino*) es como la escena *Origen*? Elabora en paralelos, usando lenguaje sensorial para pintar una imagen vívida.
- Reconoce las diferencias. Ninguna metáfora dice todo lo que se puede decir sobre la escena *Destino*. Prueba los límites, menciona los aspectos en los que no encaja con el concepto. Esto puede evitar malentendidos y mostrar la complejidad del tema.
- Cuenta una historia. En lugar de solo explicar la metáfora, trae la escena *Origen* al escenario en forma narrativa. Esto crea un marco fácil de recordar al cual los oyentes pueden referirse.
- Aplica la metáfora. ¿Qué implicaciones prácticas tiene esta forma de entender el concepto? ¿Cómo debería moldear las actitudes o acciones de tus oyentes? Hacer las aplicaciones explícitas ayuda a que la metáfora se adhiera.

Al desarrollar la metáfora, mantén tu propósito en mente. Cada detalle debe servir para ilustrar el concepto y llevar a los oyentes a una comprensión más profunda. Resiste la tentación de extender la metáfora demasiado lejos o enfatizar en exceso sus aspectos menos relevantes.

Paso 5: Considera la actualización de metáforas bíblicas

Además de crear metáforas completamente nuevas, a veces puede ser efectivo actualizar o recontextualizar una metáfora bíblica existente para tu audiencia contemporánea. Esto es especialmente útil cuando la lógica situacional de la metáfora original ya no resulta familiar por las diferencias en el entorno cultural o tecnológico.

Por ejemplo, la metáfora del Salmo 119:105 de la Palabra de Dios como una lámpara es poderosa, pero la imagen de una lámpara de aceite antigua puede no tener el mismo impacto para un público moderno. Actualizar la metáfora a algo como un bombero guiando a través del humo y las llamas mantiene la lógica esencial (la Palabra como guía en la oscuridad y el peligro) a la vez que la hace más vívida y relevante.

Aquí tienes un proceso para actualizar metáforas bíblicas de esta manera:

1. Identifica la metáfora bíblica y su significado:
   - ¿Cuál es la metáfora o imagen clave en el texto?
2. Determina la lógica situacional:
   - ¿Cuáles son los roles y la situación evocados en la escena *Origen*?
   - ¿Qué asociaciones habría evocado para la audiencia original en su contexto?
3. Considera tu contexto actual:
   - ¿La imagen original sigue resultando familiar? ¿O hay una brecha cultural o experiencial?
   - ¿Qué imágenes o experiencias de tu contexto comparten una lógica situacional similar?

4. Desarrolla una metáfora actualizada:

- Elige una que capte la esencia de la metáfora original de una manera fresca.
- Elabora la metáfora destacando los paralelismos clave entre la verdad bíblica y esta nueva imagen.

5. Conecta de nuevo a la Escritura:

- Muestra cómo esta nueva metáfora ilumina el significado original del texto.
- Usa la metáfora actualizada como un puente para llevar a la audiencia de vuelta a la Palabra de Dios.

Al seguir estos pasos, puedes tomar metáforas bíblicas atemporales y hacerlas cobrar vida de nuevas maneras, mientras permaneces fiel a la intención y al mensaje original del texto. Esto es parte de la tarea del predicador como comunicador cultural, que construye puentes, tal como escribió Stott, entre el mundo bíblico y el mundo contemporáneo.

Paso 6: Practica la implementación

Crear metáforas efectivas requiere práctica. A medida que trabajas la incorporación de metáforas originales en tus sermones, ten en cuenta estos consejos:

- Varía los tipos de escenas *Origen* que usas (naturaleza, tecnología, experiencias comunes) para mantener las cosas frescas.
- Mezcla metáforas extendidas con comparaciones más breves para crear un ritmo dinámico.
- Déjalas en suspenso. No sientas que tienes que explicar cada paralelismo. A veces, las metáforas más poderosas son las que dejan espacio para que la audiencia descubra las conexiones por sí misma.
- En el caso de las ilustraciones, ten en cuenta las metáforas bíblicas. Las metáforas que creas deben iluminar, no reemplazar ni

contradecir las muchas metáforas que Dios ya ha provisto en Su Palabra.

Sobre todo, depende del Espíritu Santo. La verdadera predicación transformadora no llega a través del ingenio humano, sino a través del poder de Dios obrando por medio de Su Palabra. Ora para que Él te dé sabiduría y creatividad en el desarrollo de estas herramientas, y confía en Él para usarlas para Su gloria.

Conclusión

Dominar el arte de la metáfora es una habilidad poderosa para cualquier predicador que busque comunicar verdades eternas de maneras frescas y transformadoras. Con esta guía paso a paso, estás bien equipado para comenzar a desarrollar tus propias metáforas para ilustrar y aplicar los tesoros de la Escritura.

A medida que te embarques en este proceso, recuerda el gran privilegio y la responsabilidad que tienes como mensajero del evangelio. Con cada metáfora que creas, tienes la oportunidad de ofrecer a tus oyentes una ventana a la belleza y al poder de la Palabra de Dios. Que Él te conceda la creatividad, la convicción y la pasión para hacerlo. ¡Disfruta creando tus propias metáforas!

Guías de estudio

Herramienta 1: La escena

Objetivos:

- Repasar los conceptos clave de la herramienta 1: la escena.
- Interiorizar los conceptos a través de los gráficos.
- Apropiarse de los conceptos clave a través del desarrollo de ejemplos del mundo actual.
- Proyectar los conceptos adecuadamente con ejemplos del mundo bíblico.

Materiales:

- Libro de texto *La predicación y la metáfora*.
- Hojas de papel.
- Lápices o bolígrafos.

Procedimiento:

1. **Introducción** (30 minutos):
   - El facilitador le da la bienvenida al grupo y presenta el tema de la sesión.

- Se propone el juego «Dígalo con mímica o charadas». Es un juego de adivinanzas en el que se usa la expresión corporal para comunicar una palabra o frase haciendo señas y gestos. El equipo contrario intentará adivinarlo, tratando de comprender lo que el compañero quiere expresar. Con este juego se pueden ilustrar los conceptos de Escenario (palabra que se va a representar), y Escena (la actuación o representación de esa palabra).
- Se explica el objetivo de la sesión y la dinámica de trabajo.
- Se repasan brevemente los conceptos clave de la herramienta 1 con el uso de los gráficos.

2. **Actividad grupal** (30 minutos):
   - El facilitador divide al grupo en pequeños equipos de 3-4 personas.
   - Se asigna a cada equipo los ejercicios 1 al 3 relacionados con los conceptos clave de la herramienta 1.
   - Los equipos trabajan juntos para completar el ejercicio, discutiendo las preguntas y llegando a un consenso.
3. **Puesta en común** (15 minutos):
   - Cada equipo presenta su solución al ejercicio al resto del grupo.
   - Se genera una discusión en clase sobre las diferentes soluciones y los enfoques utilizados.
   - El facilitador aclara dudas y proporciona retroalimentación al grupo.
4. **Actividad de salida** (5 minutos):
   - El facilitador proporciona fichas a cada participante, ellos deben responder las siguientes preguntas de manera rápida y sencilla: 1. Un concepto claro que me llevo después de este encuentro es... 2. Algo en lo que quiero profundizar después de este encuentro es...

- Se recogen las fichas y el facilitador las usa para evaluar el aprendizaje y redireccionar su próximo encuentro.

Evaluación:

- La participación activa en las actividades.
- La comprensión de los conceptos clave.
- La capacidad de análisis y pensamiento crítico.
- La calidad de las reflexiones individuales.

Ejercicio adicional

1. **Considera la imagen de la página siguiente y define o describe en tus propias palabras:**

- Escenario.
- Escena.
- Relaciones entre escenario y escena.

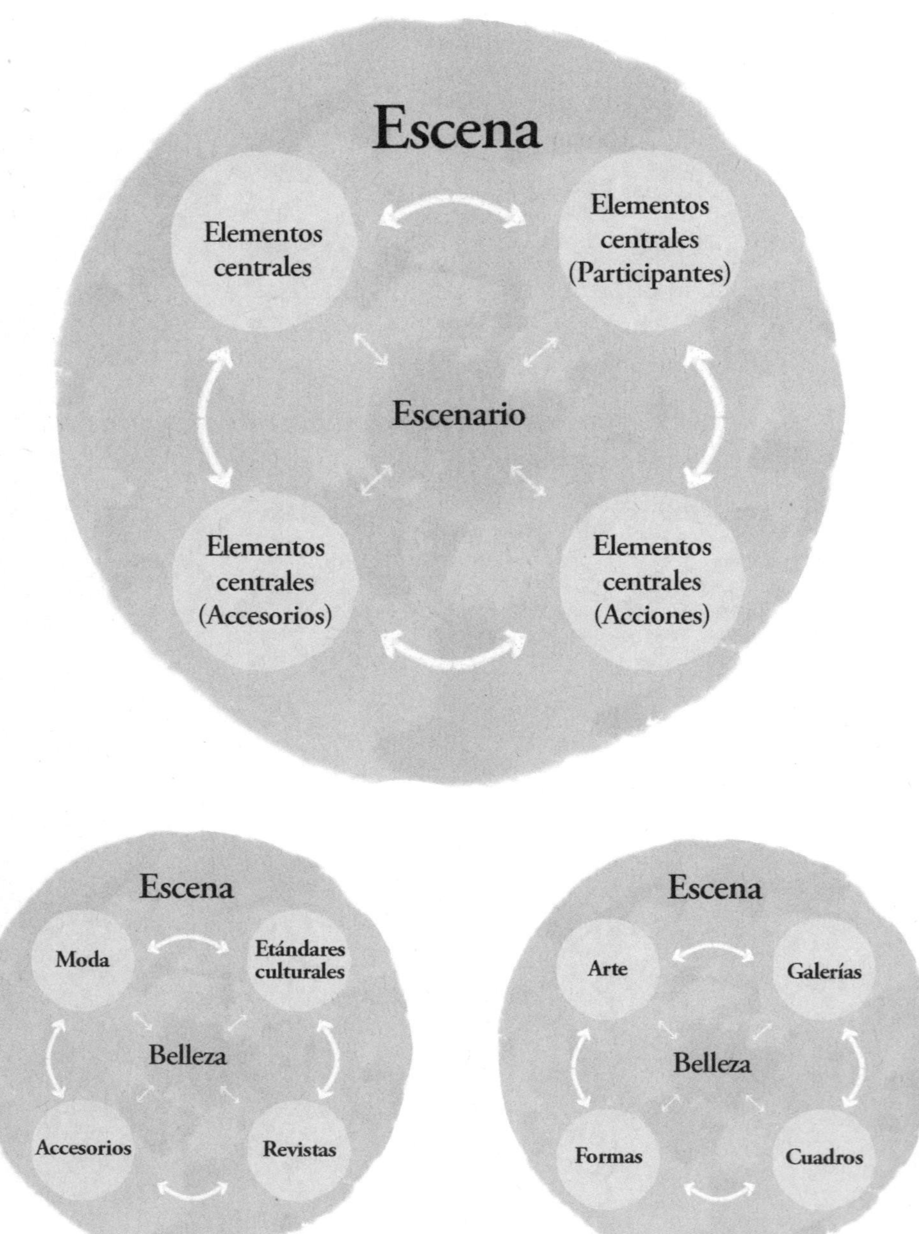
Escena
Elementos centrales
Elementos centrales (Participantes)
Escenario
Elementos centrales (Accesorios)
Elementos centrales (Acciones)
Escena
Moda
Etándares culturales
Belleza
Accesorios
Revistas
Escena
Arte
Galerías
Belleza
Formas
Cuadros

2. **Elige uno de los siguientes escenarios del mundo actual y crea dos escenas diferentes para el mismo.**

El objetivo de este ejercicio es poder identificar qué es la escena, quién le da sentido y significado al escenario.

Escenarios: Diversión, salud, belleza, trabajo.

Escenario: ______________________________

Escena 1 Escena 2

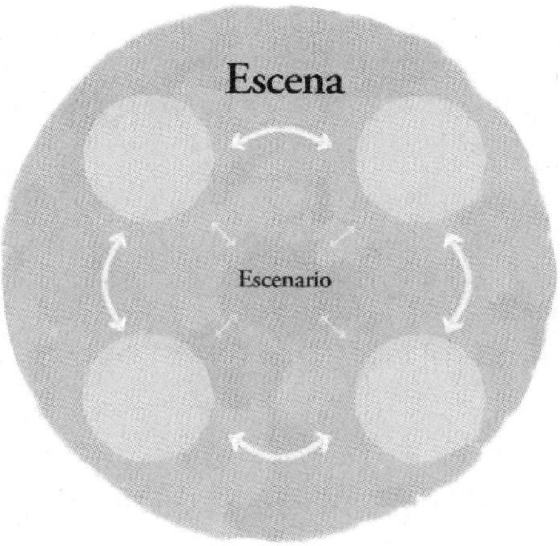

Escena
Escenario

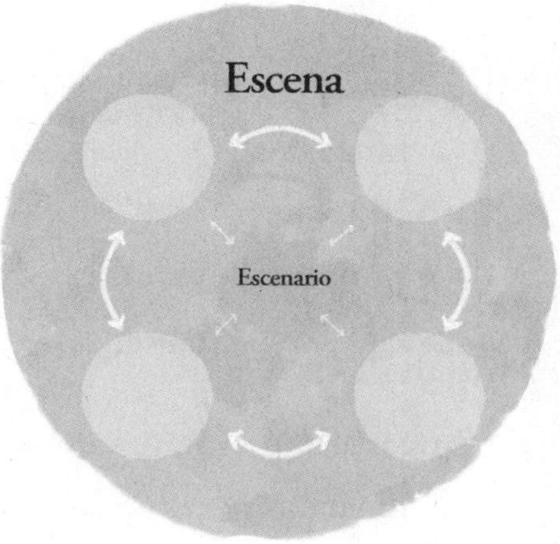

Escena
Escenario

- El autor menciona tres razones por las cuales el estudio de la escena es importante en los estudios bíblicos, ¿Cuáles son? ¿Cuáles de estas tres razones no habías considerado en tu práctica de predicación?

HERRAMIENTA 2: LA METÁFORA

Objetivos:

- Repasar los conceptos clave de la herramienta 2: La metáfora.
- Interiorizar los elementos clave de la metáfora a través de los gráficos.
- Apropiarse de los conceptos clave a través del desarrollo de ejemplos del mundo actual.
- Proyectar los conceptos adecuadamente con ejemplos del mundo bíblico.

Materiales:

- Libro de texto *La predicación y la metáfora.*
- Hojas de papel.
- Lápices o bolígrafos.

Procedimiento:

1. **Introducción** (30 minutos):
   - El facilitador le da la bienvenida al grupo y presenta el tema de la sesión.
   - Se propone el juego «Crea tus propias metáforas». Se le pide a cada equipo que elija un tema o concepto específico (por ejemplo, el amor, la naturaleza, la amistad, la muerte, la crianza). La tarea consiste en crear una metáfora original que represente ese tema o concepto. Los equipos deben escribir sus metáforas en una hoja de papel y explicar brevemente la base de la comparación. Al finalizar la actividad, cada equipo presenta su metáfora al resto del grupo.
   - Se explica el objetivo de la sesión y la dinámica de trabajo.
   - Se repasan brevemente los conceptos clave de la herramienta 2 con el uso de los gráficos.

2. **Actividad grupal** (30 minutos):
    - El facilitador divide al grupo en pequeños equipos de 3-4 personas.
    - Se asigna a cada equipo los ejercicios 1 al 4 relacionados con los conceptos clave de la herramienta 2.
    - Los equipos trabajan juntos para completar el ejercicio, discutiendo las preguntas y llegando a un consenso.
3. **Puesta en común** (15 minutos):
    - Cada equipo presenta su solución al ejercicio al resto del grupo.
    - Se genera una discusión en clase sobre las diferentes soluciones y propuestas.
    - El facilitador aclara dudas y proporciona retroalimentación al grupo.
4. **Actividad de salida** (5 minutos):
    - El facilitador usa la estrategia 3-2-1. Cada persona debe escribir en una tarjeta: 3 cosas que no sabía antes del encuentro, 2 maneras en que estos nuevos conceptos pueden enriquecer su predicación, 1 duda que quiere resolver.
    - Se recogen las fichas y el facilitador las usa para evaluar el aprendizaje y redireccionar su próximo encuentro.

Evaluación:

- La participación activa en las actividades.
- La comprensión de los conceptos clave.
- La capacidad de análisis y pensamiento crítico.
- La calidad de las reflexiones individuales.

Ejercicio adicional

1. El autor define la metáfora como hablar y experimentar una escena desde la situación lógica de otra escena. Es hablar de A en términos

de B. Toda metáfora tiene tres características: (1) unidireccionalidad, (2) transferencia parcial y (3) lógica de la situación. Examina la definición de metáfora y sus tres características en el siguiente gráfico y luego revisa la metáfora que crearon en el ejercicio inicial y determina si tiene los tres elementos.

2. ¿De qué manera «ver a través de las metáforas» puede transformar nuestra comprensión y experiencia de esta? Argumenta con un ejemplo.

3. Pablo presenta la imagen del agricultor esforzado: «El labrador que trabaja debe ser el primero en recibir su parte de los frutos», (2 Tim. 2:6). ¿Cómo esta imagen cambia o le da una nueva perspectiva al trabajo para el Señor?

4. Examina los distintos niveles de las metáforas presentadas llenando el siguiente cuadro:

Imagen	**Evaluación**	**Emoción**	**Acción**
Sepulcros blanqueados	Hipocresía, antimodelo, falta de integridad	Desconfianza, repulsión	Alejarse de liderazgos de este tipo
Tierra que mana leche y miel			
Perlas a los cerdos			

Ciego guiando a otro ciego			

HERRAMIENTA 3: EL DISCURSO

El siguiente mapa mental ilustra los tipos de metáforas y las funciones que cumple cada una de ellas. Basado en la información presentada, para cada tipo de metáfora (ilustrativa y espacial) busca dos ejemplos actuales y argumenta qué función cumplen en su contexto.

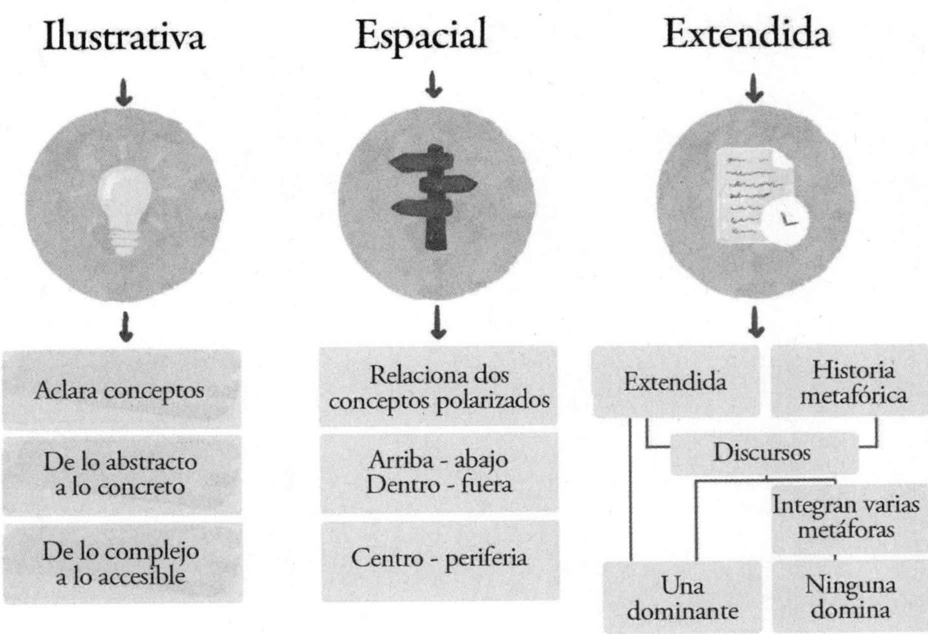

Tipo de Metáfora	Ejemplo	Ejemplo	Ejemplo
Ilustrativa	La cultura infecta nuestra mente como un virus: está mostrando los daños negativos que entran casi imperceptiblemente a nuestra mente a través de la cultura, que llegan a expandirse por todo nuestro sistema de pensamientos.		
Espacial	Me crie con los de abajo: muestra la comparación entre las clases sociales, siendo los de abajo los excluidos o marginados.		

Extendida	La construcción de una vida: la vida, en su complejidad y dinamismo, puede ser comparada con la construcción de un edificio. Al igual que un arquitecto diseña y levanta una estructura física, nosotros moldeamos nuestra existencia ladrillo a ladrillo, decisión tras decisión. Los cimientos, las paredes, el techo, las herramientas de trabajo, el arquitecto, son metáforas que en su conjunto dan forma a la metáfora más grande: la vida como construcción.		

HERRAMIENTA 4: LAS PARÁBOLAS, PROFUNDIZAR EN LAS METÁFORAS EXTENDIDAS

Ejercicio:

OBJETIVOS:

- Experimentar la dinámica de una parábola de manera personal.
- Fomentar la comprensión de los elementos estructurales de una parábola y la capacidad de aplicarlos a nuevas situaciones.
- Identificar los elementos que hacen que una parábola sea memorable y transformadora.

1. **Introducción** (30 minutos):

Divide al grupo en parejas o tríos. Asigna a cada grupo una parábola familiar (por ejemplo, el buen samaritano, el hijo pródigo). Pídeles que elijan un personaje y representen una escena de la parábola. Luego, invítalos a reflexionar sobre cómo se sintieron en ese papel y qué aprendieron de la experiencia.

2. **Actividad grupal** (20 minutos):

Divide al grupo en equipos pequeños. Pídeles que creen una parábola original sobre un tema contemporáneo (por ejemplo, la tecnología, el medio ambiente, las relaciones humanas). Deben asegurarse de incluir los elementos clave de una parábola: situación inicial, momento de decisión y conclusión.

3. **Puesta en común:** (25 minutos):

Después de las actividades, reúne al grupo para discutir las siguientes preguntas:

- ¿Qué relación hay entre parábola y metáfora?
- ¿Qué características hacen que una parábola sea eficaz?
- ¿Cómo pueden las parábolas desafiar nuestras creencias y nuestros valores valores?
- ¿Cuál es el papel de las emociones en la interpretación de las parábolas?
- ¿De qué manera las parábolas fomentan el desarrollo del carácter y la virtud?

4. **Actividad de salida** (5 minutos):

Para finalizar, pediremos a cada participante que complete una breve evaluación en una ficha, respondiendo a estas preguntas:

1. El concepto que más me quedó claro es...
2. Me gustaría aprender más sobre...

Esta retroalimentación será invaluable para el facilitador, quien la utilizará para diseñar las próximas sesiones de manera más eficiente.

Bibliografía

Aune, David E. «Apocalyptic». En *The Oxford Encyclopedia of Biblical Interpretation,* ed. Steven L. McKenzie, 1.42-1.45. Oxford: Oxford University Press, 2013.

Banks, Robert. «Walking». En *Dictionary of Biblical Imagery*, eds. Leland Ryken, James C. Wilhoit, y Tremper Longman III. Downers Grove, IL: InterVarsity Press, 1998.

Bauer, Walter. *Greek-English Lexicon of the New Testament and Other Early Christian Literature*, 3.ª ed. Chicago: University of Chicago Press, 2001.

Beale, G. K. *The Book of Revelation. New International Greek Testament Commentary (NIGTC).* Grand Rapids, MI: Eerdmans, 1999.

Bullinger, E. W. *Figures of Speech Used in the Bible: Explained and Illustrated.* London: Eyre and Spottiswoode, 1898.

Caird, G. B. *The Language and Imagery of the Bible: Studies in Theology.* London: Duckworth, 1980.

Colijn, Brenda B. *Images of Salvation in the New Testament.* Downers Grove, IL: InterVarsity, 2010.

Cuenca, María Josep, y Joseph Hilferty. *Introducción a la Lingüística Cognitiva*. Barcelona: Planeta, 1999.

Dancygier, Barbara, y Eve Sweetser. *Figurative Language.* Cambridge: Cambridge University Press, 2014.

Fillmore, Charles J. «Frame Semantics». En *Cognitive Linguistics: Basic Readings*, ed. Dirk Geeraerts. Berlín: De Gruyter, 2006.

Jiménez, Oscar. *The Metaphors in the Narrative of Ephesians 2:11-21: Motion towards Maximal Proximity and Higher Status*. LBS 20. Leiden: Brill, 2022.

Johnson, Mark. *Embodied Mind, Meaning, and Reason.* Chicago: The University of Chicago Press, 2017.

Johnson, Mark. *The Body in the Mind: The Bodily Basis of Meaning, Imagination, and Reason*. Chicago: University of Chicago Press, 1987.

Kendall, R. T. *Thanking God.* London: Hodder & Stoughton, 2003.

Kövecses, Zoltán. *Metaphor: A Practical Introduction.* 2.ª ed. Oxford: Oxford University Press, 2010.

Kövecses Zoltán, y Günter Radden. «Metonymy: Developing a Cognitive Linguistic View». *Cognitive Linguistics* 9 (1998): 37–77.

Lakoff, George. «The Contemporary Theory of Metaphor». En *Metaphor and Thought*, ed. Andrew Ortony. 2.ª ed. Cambridge: Cambridge University Press, 1993.

Lakoff, George y Mark Johnson. *Metaphors We Live By*. Chicago: University of Chicago Press, 2003.

Littlemore, Jeannette. «Metonymy». En *The Cambridge Handbook of Cognitive Linguistics*, ed. Barbara Dancygier, 407-422. Cambridge: Cambridge University Press, 2017.

Littlemore, Jeannette. *Metonymy: Hidden Shortcuts in Language, Thought and Communication.* Cambridge: Cambridge University Press, 2015.

Lowry, Eugene. *The Homiletical Plot: The Sermon as Narrative Art Form.* Louisville, KY: John Knox Press, 2001.

McFague, Sallie. *Metaphorical Theology: Models of God in Religious Language.* London: SCM, 1983.

Nordling, Cherith Fee. *What Does It Mean to Be Saved?*, ed. J. G. Stackhouse, Jr. Grand Rapids: Baker, 2002.

Orígenes. *Contra Celso.* Madrid: BAC, 1967.

Packer, J. I. *Knowing God with Study Guide.* Londres: Hodder & Stoughton, 2005.

Price, Simon. *Rituals and Power: The Roman Imperial Cult in Asia Minor.* Cambridge: Cambridge University Press, 1984.

Rae, Murray. «Incline Your Ear So That You May Live: Principles of Biblical Epistemology». En *The Bible and Epistemology*. Milton Keynes: Paternoster, 2007.

Richard, Ramesh. *Preparing Expository Sermons.* Grand Rapids: Baker Book House, 2001.

Ricoeur, Paul. *Interpretation Theory: Discourse and the Surplus of Meaning.* Fort Worth: Christian University Press, 1976.

Ritchie, David L. *Metaphorical Stories in Discourse.* Cambridge: Cambridge University Press, 2017.

Robinson, Haddon W. *La predicación bíblica: desarrollo y presentación.* Miami: UNILIT, 2000.

Robinson, William E. W. *Metaphor, Morality, and the Spirit in Romans 8:1-17.* 1a ed. Atlanta: SBL Press, 2016.

Rossow, Justin. *Preaching Metaphor: How to Shape Sermons that Shape People.* Next Step Press, 2020.

Rossow, Justin. «Shaping Sermons that Shape People». En *The Pastor's Brain Manual: A Fascinating Work in Progress*, ed. Allen Nauss. Minneapolis: Lutheran University Press, 2015.

Semino, Elena. *Metaphors in Discourse.* Cambridge: Cambridge University Press, 2008.

Spencer, Aída Besançon. «Father-Ruler: The Meaning of the Metaphor 'Father' for God in the Bible». *Journal of the Evangelical Theological Society* 39.3 (1996): 442.

Stiver, Dan R. *Theology after Ricoeur: New Directions in Hermeneutical Theology.* Louisville: Westminster John Knox, 2001.

Stovell, Beth M. "Rivers, Springs, and Wells of Living Water: Metaphorical Transformation in the Johannine Corpus». En *Christian Origins and Hellenistic Judaism: Social and Literary Contexts for the New Testament*, ed. Stanley Porter, 449-461. Leiden: Brill, 2012.

Sullivan, Karen. «Frames and Constructions in Metaphoric Language». En *Metaphor and Metonymy*, ed. Antonio Barcelona, *et al.* Amsterdam: Benjamins, 2015.

Sweetser, Eve, y Mary Therese DesCamp. «Motivating Biblical Metaphors for God - Refining the Cognitive Model». En *Cognitive Linguistic Explorations in Biblical Studies*, eds. Bonnie Howe y Joel Green, 16-17. Berlin: DeGruyter, 2014.

Taylor, Charles. *A Secular Age*. Cambridge, MA: Belknap Press of Harvard University Press, 2007.

Taylor, Charles. *Sources of the Self: The Making of the Modern Identity.* Cambridge, MA: Harvard University Press, 1989.

Vanhoozer, K. *The Drama of Doctrine.* Louisville, Ky.: WJKP, 2005.

Warren, Beatrice. «An Alternative Account of the Interpretation of Referential Metonymy and Metaphor». En *Metaphor and Metonymy in Comparison and Contrast*, eds. René Dirven y Ralf Pörings, 113-132. Berlin: Mouton de Gruyter, 2003.

Wilson, Paul Scott. *The Four Pages of the Sermon: A Guide to Biblical Preaching.* Nashville: Abingdon Press, 2018.

Winter, Bruce W. *Roman Wives, Roman Widows: The Appearance of New Women and the Pauline Communities.* Grand Rapids: Eerdmans, 2003.

Zimmermann, Ruben. «Metaphorische Ethik: Ein Beitrag zur Wiederentdeckung der Bibel für den Ethik-Diskurs». En *Theologische Literaturzeitung* 141. 2016.

Zoltán, Kövecses. *Where Metaphors Come From: Reconsidering Context in Metaphor.* Oxford: Oxford University Press, 2016.

Webgrafía

Heilig, Christoph. «Early Christian Narratives». *Uncovering Paul's Subversive Stories: A Narratological Approach to Counter-Imperial Rhetoric in Galatians.* https://www.early-christian-narratives.com/post/uncovering-paul-s-subversive-stories-a-narratological-approach-to-counter-imperial-rhetoric-in-gala. Último acceso 12 de abril de 2024.

Rankin, Jennifer. The Guardian UK. «*brexit* divorce bill: how much is it and what is it for?». https://www.theguardian.com/politics/2017/nov/29/brexit-divorce-bill-how-much-is-it-and-what-is-it-for. Último acceso 18 de abril de 2018.

Ruppenhofer, Josef *et al.*, «FrameNet II: Extended Theory and Practice». *ResearchGate.* https://www.researchgate.net/publication/242582900. Último acceso 31 de julio de 2024.

UNICEF. *Los niños víctimas de la trata en todo el mundo.* https://www.unicef.org/panama/comunicados-prensa/los-niños-víctimas-de-la-trata-en-todo-el-mundo. Último acceso 28 de mayo de 2019.

Referencias

Introducción

i Thibodeau, Paul H. y Lera Boroditsky. PLoS ONE 6(2): e16782. Disponible en línea en: https://doi.org/10.1371/journal.pone.0016782.

ii Justin Rossow, *Escaping the Assembly Line: The Tools to Notice (and Power to Change) the Discipleship Defaults that are Killing your Faith* (Grand Rapids: Next Step Press, 2025), 31.

iii Mark Johnson, *Embodied Mind, Meaning, and Reason* (Chicago: The University of Chicago Press, 2017), 26.

iv Johnson, *Mind*, 26.

v Murray Rae, «Incline Your Ear So That You May Live: Principles of Biblical Epistemology», en *The Bible and Epistemology* (Milton Keynes: Paternoster, 2007), 162.

vi George Lakoff y Mark Johnson, *Metaphors We Live By* (Chicago: University of Chicago Press, 2003), 244.

vii The Guardian UK edition web site (https://www.theguardian.com/politics/2017/nov/29/brexit-divorce-bill-how-much-is-it-and-what-is-it-for; último acceso: 18 de abril de 2018).

viii Lakoff y Johnson, *Metaphors,* 8-9.

ix La frase «imaginario social» ha sido tomada de Charles Taylor, ver *A Secular Age* (Cambridge, MA: Belknap Press of Harvard University Press, 2007).

x Haddon W. Robinson, *La Predicación Bíblica: Desarrollo y Presentación* (Miami: Unilit, 2020), 18.

xi Robinson, *Predicación*, 25.

xii Ramesh Richard, *Preparing Expository Sermons* (Grand Rapids: Baker Book House 2001), 19.

Parte I

1. Josef Ruppenhofer, Michael Ellsworth, Miriam R. L. Petruck, Christopher R. Johnson y Jan Scheffzyk usan esta idea de escena (en inglés *script*), ver Josef Ruppenhofer *et al.*, «FrameNet II: Extended Theory and Practice», *ResearchGate,* https://www.researchgate.net/publication/242582900, último acceso: 31 de julio de 2024.
2. Charles J. Fillmore, «Frame Semantics,» en *Cognitive Linguistics: Basic Readings,* ed. Dirk Geeraerts (Berlin: De Gruyter, 2006), 373.
3. Oscar Jiménez, *The Metaphors in the Narrative of Ephesians 2:11--21: Motion towards Maximal Proximity and Higher Status,* LBS 20 (Leiden: Brill, 2022), 116.
4. Fillmore, «Semantics», 374.
5. Jiménez, *Metaphors*, 30-33.
6. Karen Sullivan, «Frames and Constructions in Metaphoric Language», en *Metaphor and Metonymy,* ed. Antonio Barcelona *et al.* (Amsterdam: Benjamins, 2015), 14-16.
7. Justin Rossow, *Preaching Metaphor: How to Shape Sermons that Shape People* (n.p: Next Step Press, 2020), 29.
8. Bruce W. Winter, Roman *Wives, Roman Widows: The Appearance of New Women and the Pauline Communities* (Grand Rapids: Eerdmans, 2003), 97-109.
9. Walter Bauer, *Greek-English Lexicon of the New Testament and Other Early Christian Literature,* 3.ª ed, (Chicago: University of Chicago Press, 2001), 583-85.

10. Walter Bauer, *Greek-English*, 408.
11. *Ibíd.*, 242-243.
12. D. A. Carson, *The Difficult Doctrine of the Love of God* (Nottingham: IVP, 2000), 17.
13. C. S. Lewis, *The Four Loves* (London: Bles, 1960), 13-14.
14. Barbara Dancygier and Eve Sweetser, *Figurative Language* (Cambridge: Cambridge University Press, 2014), 14. María Josep Cuenca y Joseph Hilferty usan la terminología de Origen y Destino en *Introducción a la Lingüística Cognitiva* (Barcelona: Editorial Planeta, 1999), 101.
15. Este ejemplo lo tomé de Jiménez, *Metaphors,* 37.
16. Zoltán Kövecses, *Metaphor: A Practical Introduction,* 2.ª ed. (Oxford: Oxford University Press, 2010), 7.
17. Lakoff y Johnson, *Metaphors,* 12.
18. Rossow, *Metaphor*, 41.
19. Brenda B. Colijn, *Images of Salvation in the New Testament* (Downers Grove, IL: InterVarsity, 2010). 16.
20. Paul Ricoeur, *Interpretation Theory: Discourse and the Surplus of Meaning* (Fort Worth: Christian University Press, 1976), 52.
21. Jimenez, *Metaphors*, 20-24.
22. Ya que lo importante es nombrar la metáfora incluyendo las dos escenas, la nomenclatura que usaremos en este libro es *«Destino»,* con mayúscula inicial y cursiva.
23. G. B. Caird, *The Language and Imagery of the Bible: Studies in Theology* (London: Duckworth, 1980), 157.
24. Beverly Roberts Gaventa, *Our Mother St Paul* (Louisville: John Knox Press, 2007).
25. Ruben Zimmermann, «Metaphorische Ethik: Ein Beitrag zur Wiederentdeckung der Bibel für den Ethik-Diskurs», en *Theologische Literaturzeitung* 141 (2016), 302.
26. Lisa Feldman Barrett, *How Emotions Are Made: The Secret Life of the Brain* (Boston: Mariner Books, 2018), 30. Un libro que resume la investigación que se ha hecho en este campo es el siguiente: Klaus

R. Scherer, Angela Schorr y Tom Johnstone, eds, *Appraisal Processes in Emotion: Theory, Methods, Research* (Oxford: Oxford University Press, 2001).

27. Richard S. Lazarus, *Emotion and Adaptation* (Oxford: Oxford University Press, 1994).
28. Christoph Heilig, «Early Christian Narratives». Uncovering Paul's Subversive Stories: A Narratological Approach to Counter-Imperial Rhetoric in Galatians. Ver https://www.early-christian-narratives.com/post/uncovering-paul-s-subversive-stories-a-narratological-approach-to-counter-imperial-rhetoric-in-gala. Último acceso: 12 de abril de 2024.
29. Rossow, *Metaphor,* 53.
30. George Lakoff, «The Contemporary Theory of Metaphor» en *Metaphor and Thought,* ed. Andrew Ortony, 2a ed. (Cambridge: Cambridge University Press, 1993), 203.
31. Robert Banks, «Walking» en *Dictionary of Biblical Imagery,* eds. Leland Ryken, James C. Wilhoit, y Tremper Longman III (Downers Grove, IL: InterVarsity Press, 1998), 304.
32. William E. W. Robinson, *Metaphor, Morality, and the Spirit in Romans 8:1-17,* 1a ed. (Atlanta: SBL Press, 2016), 51.
33. Eve Sweetser y Mary Therese DesCamp, «Motivating Biblical Metaphors for God - Refining the Cognitive Model» en *Cognitive Linguistic Explorations in Biblical Studies,* eds., Bonnie Howe y Joel Green (n.p.: Berlin: DeGruyter, 2014), 16-17.
34. Aída Besançon Spencer, «Father-Ruler: The Meaning of the Metaphor 'Father' for God in the Bible», *Journal of the Evangelical Theological Society* 39.3 (1996): 442.
35. Erin M. Heim, *Adoption in Galatians and Romans: Contemporary Metaphor Theories and the Pauline Huiothesia Metaphors, BIS 153* (Leiden: Brill, 2017), 77.
36. Mark Johnson «Mind Incarnate: From Dewey to Damasio», *Daedalus* 135 (2006), 47; Mark Johnson, *The Body in the Mind* (Chicago: University of Chicago Press, 1987), ix.

37. Johnson, *Body*, 23–30, 135, 159.
38. David L. Ritchie, *Metaphorical Stories in Discourse* (Cambridge: Cambridge University Press, 2017), 13.
39. Elena Semino, *Metaphors in Discourse* (Cambridge: Cambridge University Press, 2008) 227.
40. Ricouer y Sallie McFague definen las parábolas como metáforas extendidas, ver Dan R. Stiver, *Theology after Ricoeur: New Directions in Hermeneutical Theology* (Louisville: Westminster John Knox, 2001), 118; Sallie McFague, *Metaphorical Theology: Models of God in Religious Language* (London: SCM, 1983), 15.
41. Kövecses, Zoltán. *Where Metaphors Come From: Reconsidering Context in Metaphor* (Oxford: Oxford University Press, 2016), 55.
42. Beth M. Stovell, «Rivers, Springs, and Wells of Living Water: Metaphorical Transformation in the Johannine Corpus», en *Christian Origins and Hellenistic Judaism: Social and Literary Contexts for the New Testament,* ed Stanley Porter (Leiden: Brill, 2012), 449-461.
43. https://www.logos.com/grow/the-fables-of-jesus-an-interview-with-justin-strong-winner-of-the-lautenschlager-award-2022/
44. https://dle.rae.es/f%C3%A1bula.
45. Justin David Strong, *The Fables of Jesus in the Gospel of Luke: A New Foundation for the Study of Parables, SCCB* 5 (Boston: Brill, 2021).
46. *Ibíd.*, 339—381.
47. Amy-Jill Levine, *Short Stories by Jesus: The Enigmatic Parables of a Controversial Rabb*i (New York: HarperCollins, 2014), 4.

Parte II

48. Rossow, *Metaphor*, 35-47.
49. *Ibíd.*, 36.
50. *Ibíd.*, 37.
51. *Ibíd.*, 135.
52. *Ibíd.*, 84.

53. Eugene Lowry, *The Homiletical Plot: The Sermon as Narrative Art Form, Expanded Edition* (Louisville, KY: John Knox Press, 2001).
54. Paul Scott Wilson, *The Four Pages of the Sermon: A Guide to Biblical Preaching* (Nashville: Abingdon Press, 2018).
55. Rossow, *Metaphor,* 235.
56. Jerry L. Sumney, «Family and Filial Language in Ephesians», en *Ephesos as a Religious Center under the Principate,* eds. Allen Black, Christine M. Thomas, y Trevor W. Thompson, WUNT 488 (Mohr-Siebeck, 2022), 206-209.
57. S. J. Friesen, *Imperial Cults and the Apocalypse of John: Reading Revelation in the Ruins* (Oxford: Oxford University Press, 2001), 23-121.
58. Joseph D. Fantin «Adoption into the Family of God: Ephesians 1:5 in Light of Roman Adoption» en *God's Grace Inscribed on the Human Heart: Essays in Honour of James R. Harrison*, eds, Peter G. Bolt y Sehyun Kim (Sydney: SCD Press, 2022), 354.
59. Erin M. Heim, «Adoption», en *Dictionary of Paul and His Letters: A Compendium of Contemporary Biblical Scholarship,* 2da ed., ed. Scot McKnight, (Downers Grove: IVP, 2023), 11-15.
60. Scott Carroll, «Adoption», en *Dictionary of Daily Life in Biblical & Post-BiblicalAntiquity,* eds, Edwin M. Yamauchi y Marvin R. Wilson (Grand Rapids: Hendrickson Publishers, 2017), 12-15.
61. Orígenes, *Contra Celso* (Madrid: BAC, 1967), 3.44.
62. Énfasis añadido por el autor.
63. Charles Taylor, *Sources of the Self: The Making of the Modern Identity* (Cambridge, MA: Harvard University Press, 1989), 27.
64. J. I. Packer, *Knowing God with Study Guide* (London: Hodder & Stoughton, 2005), 226.
65. UNICEF, Los niños víctimas de la trata en todo el mundo, https://www.unicef.org/panama/comunicados-prensa/los-ni%C3%B1os-v%C3%ADctimas-de-la-trata-en-todo-el-mundo. Último acceso, 28 de mayo de 2019.
66. Este sermón ha sido adaptado de Justin Rossow, «Shaping Sermons that Shape People» en *The Pastor's Brain Manual: A Fascinating Work*

in Progress, ed. Allen Nauss (Minneapolis: Lutheran University Press, 2015), 104-131.

67. El marco general para esta estructura ha sido tomado de Rossow, *Preaching,* 318-323. El autor de este libro desarrolló ampliamente este sermón.
68. Citado en R.T. Kendall, *Thanking God* (London: Hodder & Stoughton, 2003), 9.
69. Este sermón fue adaptado de Rossow, *Preaching,* 291-301.
70. Scott Carroll, «Adoption», en *Dictionary of Daily Life in Biblical & Post-Biblical Antiquity,* eds., Edwin M. Yamauchi y Marvin R. Wilson (Grand Rapids: Hendrickson Publishers, 2017), 15.
71. Jerry L. Sumney, «Family and Filial Language in Ephesians», en *Ephesos as a Religious Center under the Principate,* eds. Allen Black, Christine M. Thomas, y Trevor W. Thompson, WUNT 488 (Mohr-Siebeck, 2022), 206-209.
72. Kathleen E. Corley, «Women's Inheritance Rights in Antiquity and Paul's Metaphor of Adoption», en *A Feminist Companion to Paul,* eds. Amy-Jill Levine y Marianne Blickenstaff, FCNTECW 6 (New York: T&T Clark, 2004), 120-121; J.F. Gardner, *Family and Familia in Roman Law and Life* (Oxford: Clarendon, 1998) 130, 159-165; Lindsay, *Adoption*, 134-137.
73. Suetonio, *Nerón,* 6.3-4; Tácito, *Anales,* 12.25.
74. Simon Price, *Rituals and Power: The Roman Imperial Cult in Asia Minor* (Cambridge: Cambridge University Press, 1984); Ittai Gradel, Emperor *Worship and Roman Religion, Oxford Classical Monographs* (Oxford: Oxford University Press, 2002).
75. Erin M. Heim, «Adoption», en *Dictionary of Paul and His Letters: A Compendium of Contemporary Biblical Scholarship,* 2da ed., ed. Scot McKnight, (Downers Grove: IVP, 2023), 11-15.
76. Orígenes, *Contra Celso*, 3.44